ARMAND SILVESTRE

LES FACÉTIES

DE

Cadet-Bitard

Illustrations par CH. CLÉRICE

PARIS
ERNEST KOLB, ÉDITEUR
8, RUE SAINT-JOSEPH, 8

LES FACÉTIES

DE

CADET-BITARD

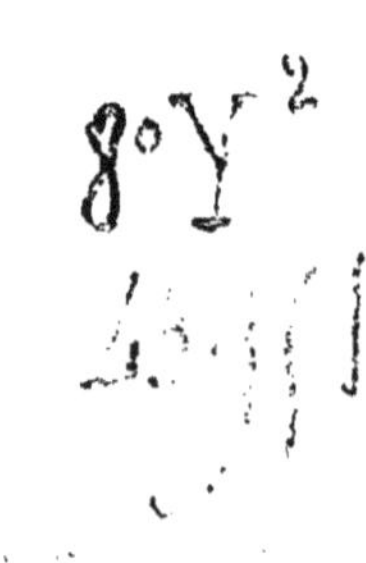

ÉMILE COLIN — IMPRIMERIE DE LAGNY

ARMAND SILVESTRE

LES FACETIES DE CADET-BITARD

PARIS
ERNEST KOLB, ÉDITEUR
8, RUE SAINT-JOSEPH, 8

L'ALMÉE FANTOME

L'ALMÉE FANTOME

I

Le sublime et ennuyeux Volney n'est pas le seul homme qui ait aimé à méditer le néant des gloires humaines devant les ruines. Mon ami Cadet-Bitard est absolument du même goût mélancolique. Un curieux garçon, ce Cadet-Bitard, toujours tourmenté de quelque rêve, passionné de l'impossible, mystique et paillard, poursuivant jusque dans le surnaturel le mensonge d'irréalisables voluptés. L'Exposition universelle ne fut pas plutôt fermée qu'il s'aperçut seulement de son violent amour pour une des almées qui avait le mieux exécuté la danse du ventre. Il se rappela, du même coup, que tous les jours il était venu passer de longues heures sous la tente marocaine où cette demoiselle tortillait du flanc et faisait évoluer, avec une grâce si délicate, sa masse intestinale autour de son immobile nombril — tel un nénuphar calme au milieu d'un remous furieux. Alors se remémora-t-il, dans ses moindres détails, le spectacle qu'il avait perdu, les moindres inflexions de ces hanches tumultueuses et cette oscillante masse de chair entrevue sous la transparence des tricots. Combien de fois avait-il souhaité que le tissu ridicule cédât par quelque déchirure dessinant, comme la lune au milieu des nuées, un large et lumineux croissant. Voir Aoûda — ainsi se nommait la danseuse abdominale — dans l'intimité d'un rigodon péritonique que n'eût pas surchargé l'inutile poids d'un maillot et d'une ceinture ! Avec la puissance d'imagination particulière aux gobe-mouches de son espèce — et de la mienne — il avait reconstitué le tableau que la pudeur du gouvernement avait dérobé à sa légitime curiosité. Il vivait devant cette image nue et, dans de vagues prières, demandait à des dieux inconnus, qu'un jour, dans ce monde ou dans l'autre, cette chimère se réalisât pour lui. La douce et mélodieuse Aoûda ne pouvait manquer d'aller dans quelque Paradis musulman où il lui donnait déjà rendez-vous dans l'éternité.

Pour se distraire, il travaillait à son volume de *Sonnets fantasques* et venait de terminer celui-ci :

APPARITION

La lune argentait la clairière,
Luisante sur les joncs soyeux,
Quand j'aperçus, devant mes yeux,
Le spectre de feu Laferrière.

Les cheveux toujours en arrière,
Et, — bien que mort, — à peine vieux,
Il contemplait, silencieux,
De Phébé le chaste derrière.

Puis, sur terre redescendu,
Je vis son regard éperdu
Fouiller l'épaisseur du feuillage.

— Qu'as-tu donc ? lui dis-je interdit.
Le Fantôme me répondit :
« J'en guette un petit de mon âge. »

Lentement, en homme assez content de soi-même, mon ami Cadet-Bitard referma son manuscrit. Mû par un subit et peut-être inconscient désir, il prit son chapeau, se coiffa, s'enveloppa d'une gâteuse et, sa canne à la main, sortit.

II

Il pouvait être cinq heures du soir. Imaginez un décor subtil, fin et lumineux comme une toile d'Abbéma. Paris, délicieux en tous temps, à cette heure s'allumait comme une constellation. Les pointes d'argent dont la lumière électrique piquait çà et là l'obscurité, semblaient de grosses et vivantes étoiles, parmi les jaunes étincelles du gaz figurant des astres mal portants et de bien moindre importance astronomique. Au-dessus de la grande cité, c'était une buée rousse où s'assourdissait le bruit des voitures sur le pavé gras. Cadet-Bitard, qui habite Montmartre pour la beauté de ses filles, traversa la Seine, où les lanternes jaunes et rouges des bateaux-mouches, pareilles à de pharmaceutiques bocaux, semblaient promener l'âme repentante, et cent fois multipliée, des apothicaires qui ont donné de mauvais lavements. Ce cortège d'esprits, autrefois droguistes et maintenant bourrelés par le remords, entretint Cadet-Bitard dans sa méditation fantastique et toute pleine d'ombres. Comme des fantômes géants, gravement assis le long du fleuve, sous leur lourd manteau de nuit, lui apparurent les monuments qui bordent ces belles rives. Un bruit vague flottait sur tout cela. Deux flûtes immenses lui semblèrent chanter aux tours de Notre-Dame et le donjon démodé de l'Institut lui fit l'effet d'un de ces grotesques chapeaux chinois que secouaient autrefois, dans le vent belliqueux, les musiques militaires. Sous cette impression, toute de choses surnaturelles et renaissantes, après avoir été trépassées, il arriva jusqu'aux portes de l'Exposition close, et, grâce à la surveillance qui ne la défend pas mieux, de l'indiscrétion du public, que celles du Louvre nos anciens rois contre les fâcheuses maladies, il pénétra sans avoir rien à demander à qui que ce fût. Quelques déménageurs attardés en sortaient, sacrilèges ouvriers d'une tâche destructive. Eux aussi passaient comme des spectres, un œil rouge allumé dans l'ombre par le fourneau embraisé de leur pipe. Puis la solitude se fit complète, et notre précieux Cadet-Bitard sentit s'en accroître encore la fantaisie de visions qui enveloppait son cerveau. Pour lui se ranimèrent soudain toutes ces choses mortes et des âmes revinrent à tous ces cadavres de pierre et de métal. Leurs grands squelettes tressaillirent et la magie posthume de ce splendide décor en dépassa pour lui les réalités abolies. C'était de vraies pierreries qui jaillissaient des lumineuses fontaines et c'était de vraies étoiles qui couraient aux frontons des dômes et dont un caprice vraiment céleste réglait le vol. Il chemina longtemps dans ce charme ressuscité des splendeurs défuntes, mais sans dévier toutefois de son chemin, une force irrésistible le traînant vers la place où il avait aimé la fugace Aoüda et lui criant, là même, le *et locus quo Troja fuit* virgilien. Il eut un tressaillement de joie en trouvant la tente marocaine encore debout. Avec le respect d'un croyant qui franchit le seuil d'un temple, invinciblement attiré par une musique sourde, haletante, rauque, presque douloureuse et rappelant celle de ces orchestres arabes, si prodigieusement énervante, qui sortait de là. Quand la toile fut retombée derrière lui, une sueur froide lui monta aux tempes. Ce n'était plus un rêve, cette fois, mais une réalité saisissante qui se dressait devant lui.

III

Dans la nuit de ce campement désert, un ventre de femme lumineux se tordait dans une façon de fumée bleuâtre, un ventre assez rondelet et tout nu dans sa cyclopéenne figure, et ses convulsions suivaient le rythme de la musique surhumaine que Cadet-Bitard avait, tout d'abord, entendue du dehors. Cette mélopée farouche semblait bercer ce fantastique abdomen d'une femme dont on ne voyait ni la tête, ni les bras, ni les jambes, buste décapité et cul-de-jatte se démenant dans un vagissement, avec des clartés de lugubre apothéose. Aoûda était-elle donc morte, et son âme qui, comme chez toutes les personnes de cet état chorégraphique, habitait son bedon plutôt que son front, se livrait-elle ainsi, pour lui seul, à cette danse funéraire, l'appelant lui-même peut-être vers les abîmes peu tentants de l'éternité ? Et le gros cyclope continuait à rouler autour de son centre, comme secoué par les soupirs qui s'exhalaient autour de lui. Mais l'amour le faisant, comme il arrive toujours quand il est sincère, fort contre la mort même, Cadet-Bitard. après un mouvement de frousse bien légitime, s'abandonna tout entier au sentiment voluptueux qu'évoquait, en lui, le souvenir devenu chair, comme autrefois le Verbe évangélique de la bien-aimée. Tout au plus murmura-t-il, dans sa passionnelle extase mêlée de délicieuse surprise, ces mots que l'ombre seule entendit : Je ne le croyais pas si gros !

Halte-là, camarades! Je ne vous ai point menés dans ce chemin de fantasmagorie pour vous y lâcher comme embourbés dans le surnaturel. Vous savez, comme moi, qu'il devait y avoir une explication toute physique et naturelle, de matérielle et compréhensive essence, à ce phénomène, et il est temps que j'en réjouisse, n'est-ce pas? vos sceptiques jugements. Vous êtes tous de la race maudite qui ne croit plus aux éternelles magies. Tant pis pour vous! Mais je sacrifie à votre infirmité en vous mettant les points sur les *i*, là où il serait si commode d'imaginer des *i* sans points.

Ces ruines de l'Exposition ont des gardiens qui ne sont pas du tout des fantômes. L'un d'eux, le doux Rognevesse, faisait, tout à l'heure, sa tournée avec sa femme, quand une modification, que je n'ai pas dite encore, dans l'état de la terre et du ciel se fit soudainement. Le ciel, jusque-là clair, se voila et la terre fut balayée par un souffle du nord vigoureux et chargé d'une averse glacée. La lanterne de Rognevesse, sensiblement moins sourde que les heureux abonnés qui trouvent encore quelque plaisir à l'Opéra, s'éteignit subitement. En même temps l'ondée pénétrait dans la poche grande ouverte de la vareuse du gardien et y noyait un énorme paquet d'allumettes qu'il venait d'y enfouir. Car on ne les ménage plus, les mauvaises allumettes de la Compagnie destituée, maintenant que l'État va en soufrer lui-même qui prendront feu, comme nos cœurs, sous l'œil des belles, rien qu'en les regardant. C'est dans ces circonstances critiques que M. et madame Rognevesse s'étaient réfugiés, à tâtons, sous la tente marocaine où notre fidèle Cadet-Bitard devait entrer un quart d'heure après environ, si fort embruni dans son rêve qu'il ne s'était pas aperçu seulement de la pluie.

Était-ce le froid aux pieds subitement mouillés? Était-ce la difficile digestion d'un cassoulet envoyé par un cousin de Castelnaudary? Était-ce l'abus des marrons après un repas copieux? Toujours est-il que madame Rognevesse avait été subitement prise d'une colique épouvantable et sans dénouement, car ses loyaux efforts, dans l'ombre, pour un soulagement immédiat, avaient été couronnés d'un insuccès absolu. La pauvre femme souffrait à faire pitié. Son mari la dégrafa bien vite, lui mit le ventre à l'air et, vigoureusement, se mit à la frictionner, comme il convient en pareil cas. Et, comme il mettait souvent sa main dans la poche de sa vareuse, pour la réchauffer, il l'enduisait en même temps, sans s'en douter le moins du monde, de la pâte phosphorée et déliquescente des allumettes mouillées, si bien qu'il déposait, sur l'abdomen récalcitrant de sa légitime épouse, une couche de ladite pâte qui devait certainement devenir lumineuse dans l'obscurité en séchant un peu. C'est ce qui était arrivé après son départ. Car, désespérant de soulager la malheureuse, le doux Rognevesse avait pris le parti de la planter là pour aller chercher un médecin. Sans avoir la force de se rajuster, souffrant à se tordre, geignant des plaintes aussi inarticulées que des grondements de derbouka, madame Rognevesse avait continué de tortiller son ventre convulsé, dans la solitude obscure que

Cadet-Bitard, qu'elle ne vit même pas, avait silencieusement troublée.

Vous savez maintenant comment s'était produite, en dehors de tout rodige, l'illusion de celui-ci.

— Aoûda ! crue Aoûda ! finit-il par murmurer.

Un bruit sec, tempêtueux, animal certainement issu des cavernes éoliennes d'une créature humaine, inconvenant, décrié, tonitruant, lui répondit. Et le spectre lumineux du ventre frémissant s'éteignait dans la nuit comme une chandelle qu'on souffle.

Subitement soulagée par une fuite, madame Rognevesse avait bien vite ramassé ses jupons autour de ses hanches délivrées.

M. Rognevesse entrait en même temps, avec une lanterne sourde, cette fois, et un médecin qui l'était encore davantage et qui n'avait pas, tout en le suivant pour gagner cent sous, compris un mot à ce qu'il lui racontait. Surprenant Cadet-Bitard agenouillé ainsi devant sa femme, il le releva d'un grand coup de pied dans le derrière et l'emmena au poste, aidé du médecin qui se trouvait, par un hasard heureux, n'être, au fond, qu'un sergent de ville en retraite qui faisait de la médecine illégale. Cadet-Bitard passa la nuit au poste. Il en profita pour composerune douzaine d'autres *Sonnets fantasques* qu'il vous dira lui-même, un à un, quand nous le retrouverons dans les récits à venir. Car c'est un personnage qui ne vous dit pas : adieu ! mais : au revoir !

LE FAUX ADULTÈRE

LE FAUX ADULTÈRE

I

Il en faudrait cependant finir avec la législation, subversive de toute vraie morale, qui impose la fidélité, comme un devoir, aux époux. Que ceux qui s'aiment se soient mutuellement fidèles, ils n'ont pas besoin de la loi pour le leur recommander. Et que ceux qui ne s'aiment pas ou ne s'aiment plus se trompent, c'est une nécessité de nature contre laquelle tous les codes du monde ne prévaudront pas. Ils y perdent leur mauvais latin. Le monde passionnel s'agite fort au-dessus des jurisprudences, entre le ciel et l'enfer, toujours près de l'un ou de l'autre et jamais dans le milieu monotone où s'exercent les droits des économies politiques et sociales. Tous les petits Xerxès qui tendent d'arrêter les flux et les reflux de cette mer terrible qui se nomme l'Amour, n'ont qu'à se fouetter, eux-mêmes, de leurs verges ridicules. Mais pas devant moi, parce que leurs petits derrières usés sur les fauteuils de Thémis me feraient horreur. Qu'ils s'aillent donner cette fessée dans quelque solitude, en s'accusant d'avoir, par leurs inutiles arrêts, blasphémé le vrai Dieu. Celui que nos pères grecs nommaient le maître du monde, s'envole, en riant, par-dessus les prétoires, avec les pigeons qui se becquètent et la musique des baisers. Que les hommes renoncent à juger une chose divine. C'est assez d'un Christ condamné une fois par Pilate. Le calvaire de l'amour doit être un chemin de roses et la croix qui y attend le martyr est faite de deux bras blancs à la caresse grande ouverte. Laissez les cocus s'élaborer dans l'ombre délicieuse des plaisirs. Il n'y en aura ni plus ni moins pour cela, mais la vie des amants ne sera plus troublée par les curiosités indiscrètes d'une administration qui ne compte pas en ce grave problème humain.

Grâce aux subtilités législatives dont on empêche injustement le glorieux adultère, voilà mon pauvre ami Cadet-Bitard dans un joli cas. Vous savez, le doux rêveur dont je vous ai parlé l'autre jour et avec qui vous ferez une plus ample connaissance? Cadet-Bitard profite aujourd'hui de tous les inconvénients réels du mariage, sans la compensation d'un seul de ses imaginaires avantages. Il est de par le monde époux et cocu, sans être, de fait, ni l'un ni l'autre. Ah! s'il n'avait pas l'art divin des vers pour se consoler! Mais il est temps que j'aborde mon récit.

II

C'était aux Pyrénées, en automne, dans le délicieux décor des montagnes ombreuses devenues des coulées de cuivre où de longs flots de pourpre sont mêlés. Ces belles masses rousses et fauves apparaissent, dans les brouillards matinaux, comme à travers les déchirures d'une gaze; on dirait des seins de femme dont une main invisible arrache le voile. Ajoutez à ce grandiose spectacle la musique des gaves déjà grossis et roulant une poussière d'argent au fond des ravins, les piques de bronze des sapins dressés vers la nue que l'aurore ensanglante, le vol abaissé des aigles agenouillant, sous la peur, les troupeaux; tout ce qui fait, en un mot, cette nature superbe et tout à fait idoine, en cette saison surtout, aux délices de l'amour. Venu là, au moment où les touristes sont moins nombreux déjà, pour s'inspirer des sévères beautés de ce paysage, Cadet-Bitard y était devenu rapidement épris de la belle madame Roumanille, que son mari avait amenée là pour y goûter aussi les douceurs que comporte le déclin des beaux jours. Et ceci se passait dans un Bagnères quelconque (qu'importe qu'il fût de Bigorre ou de Luchon), septembre achevant de mourir dans les premières fumées des vendanges. Il s'était mis au mieux avec le ménage pour y apporter plus aisément le déshonneur; mais qui de vous ne l'absout d'une hypocrisie nécessaire et justifiée par une passion véritable ? Les cocus sont comme les mouches. Ils sont aussi nombreux et ce n'est pas avec du vinaigre qu'on les prend. Il s'était donc fait tout miel, notre insidieux Cadet-Bitard, auprès du Roumanille qui était d'ailleurs un imbécile et, de plus, comme vous l'allez voir, un détestable époux. N'était-il donc pas merveilleusement assidu auprès de la personne vraiment exquise qu'il accompagnait? Si vraiment, et même plus qu'il n'eût convenu à Cadet-Bitard. Mais la vraie madame Roumanille n'était pas là. Elle était à s'embêter à Toulouse pendant que monsieur courait le guilledou aux eaux. Celui-ci était tout simplement avec sa maîtresse, mademoiselle Palmyre Fessencœur, qu'il faisait appeler madame Roumanille et qu'il avait présentée comme telle à l'hôtel, pour y augmenter sa respectabilité. Mais le pauvre Cadet-Bitard n'était nullement au courant de cette équivoque situation. Il croyait bien avoir affaire à un vrai mari suivant le Code et espérait bien confectionner un de ces cocus légitimes, authentiques et estampillés au sceau sacré de nos plus salutaires institutions, un de ceux que de justes noces ont consacrés par avance. Il devait revenir cruellement de ce rêve ambitieux.

III

La vraie madame Roumanille, charitablement instruite par une voisine revenant des Pyrénées de ce qui se passait, et qui, d'ailleurs, avait ellemême assez du nœud conjugal dont son volage mari lui laissait tout le poids, pensa tout de suite que le divorce lui assurerait une bonne petite pension, tout en lui assurant sa liberté. Elle s'en fut consulter son cousin, le conseiller Rotomajou, qui la mit immédiatement au courant des armes exquises que la loi lui mettait dans les mains, pour combattre le bon combat de la délivrance. D'autant que ce conseiller Rotomajou avait été autrefois amoureux de sa cousine et voyait, dans cet incident, l'occasion possible pour lui d'un de ces étés de la Saint-Martin qui consolent des printemps mal employés. Oh! c'était d'une simplicité parfaite. L'entretien de la concubine (fi! le vilain mot!) au domicile conjugal, autrefois exigé par la loi romaine, n'est plus nécessaire, depuis les nouveaux perfectionnements dont elle a été l'objet. La surprise d'une simple faute, n'importe où, est suffisante au délit libérateur. C'est à ne pas oser aller, à deux, même au *Tir des Pierrots* qui faisait l'ornement de la dernière fête de Montmartre. Le commissaire de police de Bagnères recevrait des instructions et surprendrait nos deux gaillards dans un bon lit, aussi nus que possible pour la beauté du constat. Aussi toutes les mesures avaient été prises immédiatement, grâce au conseiller Rotomajou.

Mais notre Roumanille avait aussi un cousin dans la magistrature toulousaine, le conseiller Pétosiris, qui eut vent de la chose et qui lui donna un salutaire avis. Roumanille, en bon Méridional, n'aimait ni les complications ni les embarras. Il dit tout simplement à Palmyre qu'une affaire de famille l'obligeait à un voyage de quelques jours à Pamiers, où il avait du bien, et qu'il la reviendrait chercher ensuite. Ainsi l'orage passerait sans l'atteindre et il n'aurait aucune confidence déplaisante à faire aux gens de l'hôtel. On viendrait pour le surprendre, on trouverait Palmyre seule et sa femme en serait pour sa béjaune. Mademoiselle Fessencœur fut, comme tout le monde, la dupe de cet habile départ. Quant à Cadet-Bitard, il en était, comme vous le pouvez imaginer, au comble de la joie. Elle allait être à lui, à lui seul : elle le lui avait juré ! Il marchait vraiment le front dans les étoiles et les pieds sur un coussin de petites nuées en croissants, comme s'il se fût promené sur les têtes d'un troupeau de bœufs symboliques. Mais il fallait prendre de rudes précautions. Compromettre une femme du monde comme madame Roumanille ! Il entrerait pieds nus, pour ne faire aucun bruit, dans la chambre de l'adultère, et quand tout le monde serait couché et bien endormi seulement. Et il le fit comme il l'avait dit, en galant homme qui ne met pas son propre plaisir au-dessus de l'honneur de la bien-aimée.

IV

Le Roumanille était parti à temps.

Ne nous attardons pas à ouïr le murmure des baisers dans la profondeur parfumée de l'alcôve, ruisseau brûlant dans la double rive de neige que lui faisait la blancheur des draps. Un simple pastel, en passant, des charmes de la fausse madame Roumanille dans le déshabillé qui allait si bien à sa plantureuse beauté. Palmyre n'était pas une de ces brunes despotiques dont le charme s'impose avec les traits d'une beauté latine, celle de Vénus Victrix. Mais c'était vraiment un beau brin de créature, de la pointe de ses cheveux, dont les tons fauves mouraient en fils d'or plus clairs, à la pointe de ses talons qui semblaient d'ivoire rose. A signaler, entre ces extrémités qui n'ont rien de redoutable, une gorge au velours naturel bien tendu, un ventre rondelet et gai comme un moine à peine barbu, tout cela doublé en arrière d'une chute de reins plus aimable que celle du Niagara et d'un bon pétard à la rustique, joufflu comme un joueur de serpent aux vespres, impertinent comme un mousquetaire et ayant le mot pour rire comme un franc luron. Savoure, dans une paix trompeuse, ces appréciables délices, pauvre Cadet-Bitard! Bois à ces trois coupes tendues vers tes lèvres assoiffées. La justice de ton pays veille pour venir empoisonner à temps tes innocentes joies.

— Pan ! pan ! pan ! Au nom de la loi, ouvrez !

Et monsieur le commissaire, ceint de son écharpe, a déjà décliné, à la porte, ses qualités devant lesquelles toute résistance est interdite.

— Votre nom, monsieur? a-t-il demandé déjà à Cadet-Bitard, assez ridicule à voir en bannière.

— Cadet-Bitard, répond avec aplomb celui-ci, décidé à faire face à l'orage.

— Vous voulez dire : Roumanille, reprend sévèrement le magistrat. Inutile de prendre un faux nom, monsieur ; nous connaissons ça.

— Cadet-Bitard, vous dis-je, monsieur, et je tiens mes papiers à votre disposition.

— Nous verrons cela tout à l'heure.

Alors s'adressant à Palmyre, enfouie sous les draps:

— Votre nom, madame ?

Une voix étouffée répondit, de dessous les couvertures :

— Madame Cadet-Bitard.

Et, suppliante, Palmyre se pencha, en dessous toujours, vers Cadet-Bitard en lui disant tout bas : — Ne me perds pas, c'est le seul moyen de tout sauver!

— Ah! fit le commissaire. Et il eut un instant l'idée qu'il s'était trompé de chambre et qu'il allait avoir à faire des excuses. Mais il regarda ses papiers et s'assura qu'il avait opéré régulièrement.

— Pardon, monsieur, fit-il à Cadet-Bitard. Mais d'après les notes qui me viennent de l'hôtel même, votre signalement n'est pas celui de la personne contre laquelle je dois instrumenter. Ce n'est donc pas avec vous que madame était ici depuis plusieurs jours ?

Cadet-Bitard pâlit ; mais un grand héroïsme lui vint au cœur. Il sauverait cette femme à tout prix :

— En effet, fit-il, monsieur, et vous me forcez à une confidence douloureuse ; mais je dois, avant tout, la vérité à la justice.

Et, d'un ton vraiment ému, il poursuivit :

— Séduite par un suborneur, ma femme s'était sauvée ici avec lui, sous son nom. Mais j'ai pu atteindre les coupables ; j'ai châtié le misérable et j'ai pardonné à la malheureuse égarée.

Une larme monta aux yeux du commissaire, laquelle lui descendit par le nez :

— Tout mes regrets, monsieur, fit-il, d'avoir pénétré dans un si pénible secret de famille. Monsieur et madame Cadet-Bitard, je vous prie d'agréer mes plus respectueuses excuses et mes plus humbles hommages.

Et il sortit en s'inclinant, murmurant tout bas : « Ce gredin de Roumanille avait enlevé une femme mariée, mais il est trop tard pour le pincer maintenant. »

— Merci, généreux ami ! s'écria Palmyre en tombant dans les bras de Cadet-Bitard triomphant.

V

Mais, maintenant, Palmyre n'a pas laissé tomber dans l'eau une légende si utile à sa bonne renommée. Partout, à Toulouse, même aujourd'hui, il est avéré qu'elle était la vraie madame Cadet-Bitard et que Cadet-Bitard, qui avait toujours caché son mariage à cause de l'inconduite de sa femme, a été cocufié en particulier par ce scélérat de Roumanille, qui avait emmené la belle aux eaux. On ne parle pas d'autre chose au café Albrighi. Roumanille lui-même, qui n'est pas fâché de ce rôle à la Lauzun, prend de petits airs impertinents quand il rencontre Cadet-Bitard. Pendant ce temps, madame Roumanille — la vraie — couronne enfin les feux discrets (expression consacrée) de son cousin le conseiller Rotomajou, qui se moque de son confrère le conseiller Pétosiris.

Et Cadet-Bitard?

Eh bien, en homme de cœur, Cadet-Bitard se console en travaillant à son volume des *Sonnets fantasques* dont voici le dernier éclos :

IMPATIENCE

C'est encor la saison morose
Où les feuilles n'ont pas d'envers :
Quand les rameaux seront-ils verts ?
Quand naîtra la première rose ?

Sous les bois transparents qu'arrose
Le dernier sanglot des hivers,
Comment, sous les cieux grands ouverts,
Oser parler d'amour à Rose ?

D'aimer dans un lit je suis las
Et j'attends les premiers lilas
Que Mai caresse de son aile,

Pour m'en aller, — rustique amant, —
Avec ma belle, galamment,
Risquer la correctionnelle !

METELLA

2

METELLA

I

« .... Enfin, mon cher ami, dans le sac de papier de plomb que défend une double enveloppe et que tu trouveras au fond d'un coffret de bois solide, sont les cendres authentiques d'une jeune Romaine, précieuse relique que j'ai tenu à partager avec toi. L'urne qui la contenait portait cette suscription : MET. VIRG. ROM. AN VII. Le savant florentin Metoncula, qui me guide dans mes recherches, m'a conté l'histoire de cette héroïne qui mourut vierge, bien que mariée depuis douze heures à un certain Labienus que ses parents lui avaient fait épouser par force, et dont les odieuses caresses lui parurent plus redoutables que la mort elle-même. Dans la fleur de sa jeunesse et de sa beauté elle se frappa elle-même plutôt que de laisser profaner, par ce monstre, un tel trésor. J'ai pensé que cet émouvant récit ajouterait encore pour toi, comme pour moi, mon cher Cadet, à l'intérêt de cette antiquité. J'y joins l'expression de ma fidèle tendresse et te ferai bientôt un nouvel envoi.

» Le Chevalier
» Gontran des Étoupettes. »

C'était bien la troisième fois que notre ami Cadet-Bitard relisait ce passage, avec un attendrissement croissant, devant un déballage de bibelots anciens déposés sur sa table, présents d'un ami, touriste en train d'explorer l'Italie. Du coffret solide, il avait extrait le paquet à la triple enveloppe dont la dernière était en papier de plomb, et, avec un respect troublé, avait-il lentement versé dans un large plat de majolique moderne, mêlé à ces vieilleries, la poussière grise et drue, fine et terne, qui avait été la grâce et la beauté vivante d'une femme morte depuis plusieurs siècles. Le néant de toutes choses lui montait au cerveau, devant ce spectacle, en décevantes bouffées. Quoi ! tant de charmes inviolés avaient tenu dans cette poudre pareille à celles des chemins que l'averse a brunies ! Et l'héroïque trépassée lui apparaissait, un couteau ensanglanté dans la main, la robe ouverte jusqu'à la hanche et laissant voir une jambe éburnéenne suffisant à justifier les empressements de son tyrannique époux. Mais Cadet-Bitard, se souvenant que son éditeur le pressait de lui livrer son livre tant attendu des *Sonnets Fantasques*, se dégagea brusquement de cette dangereuse rêverie. De son bureau il écarta tous les objets qui le pouvaient distraire de sa poétique occupation, posa le plat aux reliques virginales sous une table dont il laissa volontairement retomber le tapis, ouvrit la porte à son chat Mamouth, qui miaulait déplorablement, le laissa grimper et se pelotonner sur ses genoux, comme il en avait coutume, alluma une cigarette, mit sa tête dans ses mains, évoqua le vol familier des rimes qui viennent, comme une bande de pigeons pareils, s'abattre sous notre front aux seules heures heureuses de la vie, et bercé par le ronronnement affectueux de Mamouth, qui ouvrait nonchalamment ses griffes sans en sortir la pointe de leur gaine de velours, composa les quatorze vers suivants, ajoutant une page nouvelle à son manuscrit :

GASTRONOMIE

Repas de noce ou de baptême,
Quand on sert un chapon du Mans,
Chacun, selon ses sentiments,
Fait le choix du morceau qu'il aime.

C'est pour tous un plaisir extrême,
Et le désir des plus gourmands
Court aux sot-l'y-laisse fumants.
— Pour la femme, moi, c'est de même.

Tout est exquis dans son corps blanc.
Mais, en elle, à vous parler franc,
— Pour ange qu'on la veuille faire —

2.

Ce n'est pas l'aile qui me plaît,
Et, contrairement au poulet,
C'est la cuisse que je préfère !

Après quoi, content de lui, sa tâche quotidienne et humanitaire accomplie, il se renversa la tête en arrière, dans un grand fauteuil, et sans remords, cette fois, Mamouth ayant clos ses yeux d'or le premier, ses yeux pareils à deux nénuphars qui se ferment sur les gouttes éclatantes d'une ondée, comme pour lui donner l'exemple, Cadet-Bitard s'abandonna à une méditation délicieuse bien plus faite de souvenir et de rêve que de réalité, le bout des pieds à peine sur terre et tout le reste dans le ciel.

II

Les tisons mouraient entre les chenets dans un étincellement suprême, et le jour, qui avait achevé de tomber, n'étant plus qu'une vapeur rousse à l'entre-bâillement des rideaux, dans la lumière de cuivre, faite des sursauts du feu en train de mourir, vacillante et faisant passer de grandes ombres sur les murs, il s'endormit tout à fait. L'obsession lui fut douce d'ailleurs de la belle Metella lui apparaissant dans la candeur sanglante et immaculée de sa beauté fauchée en pleine fleur. Brune, — elle était brune comme il avait aimé toutes ses maîtresses ; noble d'allure, — l'*incessu patuit Dea* du poète l'avait toujours, avant tout, charmé, — de grâce aristocratiquement latine, avec les stigmates augustes de la race gravés tout le long de sa personne ; statue vivante et faite chair pour lui seulement, il l'adorait avec des mysticismes païens plein l'âme, violant délicieusement, et par le plus doux des sacrilèges, cette tombe ouverte dont la morte ressuscitée lui souriait. Avec quelle extase il contemplait, tour à tour, cette chevelure dans laquelle le sang noir des mûres semblait avoir coulé ; ces yeux aux mélancolies posthumes et tout brillants encore de la poussière d'or, pareille à celle de célestes papillons, qu'y avait laissée l'aile de l'Infini entrevu ; cette bouche mystérieuse et sensuelle dont les baisers devaient avoir la fraîcheur des sources d'où coule l'eau sacrée du Styx ; ce beau menton romain dont la fossette était comme une étoile ; et ce cou noble émergeant, comme ceux des cygnes, du beau lac montueux de blancheur dont sa gorge faisait les premières vagues frémissantes et nacrées ; le vase si bien arrondi pour les caresses qui vont plus loin que le velours des épidermes, des hanches se fermant sur un ventre poli dont le marbre animé ne portait qu'une seule meurtrissure ; enfin ces admirables jambes de Diane si bien faites pour meurtrir les épaules dans l'étreinte suprême où toutes les pudeurs sont oubliées !

Cadet-Bitard était vaincu par ce charme puissant de tant de merveilles assemblées dans un être tel qu'en songe seulement il en avait entrevu la splendeur. Et l'imbécile lame avait dénoué, d'un seul tranchant d'acier, cette gerbe où la pitié des dieux, pour les amants, s'était recueillie ! Tout ce trésor avait été dispersé dans le vent par le sacrilège caprice d'un misérable vieillard, de ce concupiscent Labienus. O fatalité impie! S'il avait été là, lui, Cadet-Bitard, ah! comme les choses auraient pris une autre tournure! C'est lui, Cadet, que Metella aurait aimé; c'est lui qui l'aurait défendue et lui aurait appris le salutaire mépris de l'honneur, bien moins précieux, pour la femme, que la vie.

Tous deux auraient trompé ce barbon ridicule, ce macrobien grotesque. Ainsi leur existence eût été douce à tous les trois, et Metella, connaissant, dans des bras adultères, les délices coupables de l'Amour, eût vieilli saintement au foyer, rapidement veuve, et toute à son petit Cadet chéri, qui n'eût pas moins apprécié ce beau fruit dans sa maturité savoureuse que dans son attirante verdeur. Oh! ce Labienus, de quel mépris il l'aurait écrasé!

— Vieux cocu! lui cria-t-il dans son rêve, durant qu'une foudre imaginaire, appelée par lui, évaporait ce fantoche dans un grand éclair de feu du ciel.

Le cri qu'il avait poussé et le bruit de cet imaginaire tonnerre réveillèrent en même temps Cadet-Bitard.

Il ouvrit les yeux dans l'obscurité devenue complète, les tisons ayant fini de mourir et nulle flèche perdue du jour éteint ne traversant plus les rideaux. Mais le bruit de la pétarade céleste continuait dans la chambre, une rumeur d'orage se fondant en bruyantes humidités. Avec terreur, Cadet s'aperçut que Mamouth n'était plus sur ses genoux. Un trait de lumière lui passa dans l'esprit. Le plat de cendres..., des cendres sacrées de Metella, était sous la table. Mamouth était ce qu'on appelle un chat bien élevé. Plus de doute! Fiévreux, Cadet-Bitard fit péter une allumette, regarda sous le tapis et vérifia, avec une superstitieuse horreur, que son chat avait mieux fait que compisser, — suivant le vieux mot de Rabelais, — la poussière vénérable de la vierge qui venait de lui rendre, dans le plus délicieux des rêves, un baiser d'amour.

III

— Misérable chat! Tu vas mourir!

Mais Mamouth, ayant compris le péril et l'extraordinaire fureur de son patron, avait déjà disparu par la cheminée, ses poils répandant une diabolique odeur de roussi, après avoir traversé la cendre encore chaude. Rien ne manquait au fantastique de cette évocation.

— Metella! Metella! Pardon! clama le pauvre Cadet-Bitard dans l'ombre, en tombant à genoux.

Car je vous ai dit qu'il était des heureux croyants, comme moi, au surnaturel et à l'immortalité divine des âmes.

Et il lui sembla que le souffle irrité de la vierge lui brûlait le visage. Mais ce n'était qu'une dernière et odorante vapeur qu'arrachait la terreur au malheureux Mamouth pelotonné sous les pierres chaudes.

— Metella! Metella! par pitié, frappe-moi de ton poignard!

Et il découvrait sa poitrine, et il tendait la gorge à un couteau mystérieux dont il lui semblait sentir déjà les cruelles fraîcheurs.

Deux coups frappés distinctement à la porte le ramenèrent au sentiment nécessaire des réalités. Il s'était brusquement rassis dans son fauteuil, quand Pételard, son domestique, lui apporta, en même temps, une lampe allumée et une lettre qui venait d'arriver pour lui.

La lettre portait encore le timbre d'Italie et l'enveloppe était de l'écriture du chevalier Gontran des Étoupettes.

Cadet-Bitard, encore sous l'impression de ses visions, tressaillit. Le vertueux chevalier aurait-il appris déjà le sacrilège et l'accablerait-il de justes reproches ? Il brisa furieusement le cachet et, en écarquillant les yeux, lut ce qui suit :

« Le savant florentin Metoncula est une canaille. Ce qu'il m'a donné pour une urne funéraire était un vase de tout autre usage sur lequel lui-même avait écrit une menteuse inscription. L'histoire de Metella est une fable et ses prétendues cendres sont tout simplement un peu de terre effritée ramassée dans l'antique terrain des gémonies et souillée probablement par les restes de criminels suppliciés. Un des collaborateurs de ce drôle m'a révélé sa coûteuse supercherie... Pardon, mon cher Cadet... etc., etc. »

— Oh ! génie divinateur des bêtes ! Mamouth ! mon petit Mamouth ! s'écria Cadet-Bitard. Mais le chat, toujours sur la réserve, se tenait blotti dans sa cachette, sous la tiédeur caressante des suies.

— Tiens ! mon petit Mamouth, poursuivit Cadet-Bitard, dans l'espoir suprême de le rassurer, regarde, je fais comme toi !

Et Cadet-Bitard fit un simulacre sur lequel mes habitudes de décence littéraire ne me permettent pas d'insister.

LE MUSÉE OUWESTON

LE MUSÉE OUWESTON

I

La jolie petite cité de... — appelons-la Potinville pour ne chagriner personne, — pouvait se vanter d'enfermer dans l'enceinte naturelle que lui faisait une délicieuse rivière semblant une ceinture d'argent, un des échantillons les plus complets de l'hypocrisie provinciale. Les habitants crevaient d'envie de se faire mutuellement cocus, — car l'adultère peut seul consoler les exilés départementaux, — mais ils exerçaient, les uns sur les autres, une si maligne surveillance qu'ils s'en empêchaient mutuellement. Au lieu de s'entendre pour fabriquer en commun des cornes! Faut-il que les hommes soient bêtes et méchants! Ah ! la loyauté en affaires est une rare chose. Mais non. Chacun tirait à soi l'ennuyeuse couverture de la sagesse et se privait volontiers d'un plaisir, à la condition d'en voler son voisin. Pas moyen d'ailleurs de tromper les yeux jaloux. Les promenades suburbaines étaient, comme à dessein, plantées d'arbres également espacés et sans le moindre embroussaillement de futaie mystérieuse. Pas de rue déserte. Pas d'hôtel complaisant. Pas d'estimables proxénètes. Rien pour les amours illégitimes. Rien, rien, rien !

Aussi fut-ce une joie en dedans, muette et générale, quand le musée de figures de cire anglo-américain du sieur Ouweston se vint installer pour un mois, sur le cours. Un musée comme tous les autres, avec des personnages historiques qu'on change de paletots quand le gouvernement change, un certain nombre d'horreurs médicales et quelques scènes d'assassinat. Pour l'illusion encore et comme toujours, un certain nombre de mannequins vêtus à la mode, dans des attitudes différentes, semés sur le chemin, et destinés à augmenter l'illusion, les naïfs les prenant pour des êtres vivants et les saluant en s'excusant de passer devant eux, ce qui fait rire les autres. Le premier de ces faux visiteurs était assis à l'entrée, le second lisait un journal, le troisième était en train de fermer le tiret de caoutchouc de son parapluie. Tout cela était d'un intérêt médiocre, et je ne dirai jamais assez combien ces exhibitions me sont désagréables, à moins qu'un véritable artiste, comme Ludovic Durand, ne les anime et ne leur donne une réalité plastique. Combien, autrement, ces images colorées sont plus loin de la vie que les statues unichromes, que le bronze ou le marbre ! Mais ce qui mit le musée Ouweston immédiatement à la mode à Potinville, c'est qu'on y vit un lieu de rendez-vous possibles, un asile pour les amoureux. On pouvait entrer là comme par hasard, pour regarder M. Pasteur, par exemple, donnant la rage à un cochon d'Inde, en réalité pour se retrouver et causer un moment à la dérobée. Alors, bien des langues longtemps liées parlèrent, bien des aveux s'échangèrent, bien des mains se cherchèrent, et ce fut comme une révolution bienfaisante dans cet inhabitable pays.

II

Le maître avoué Tournebite, qui adorait depuis longtemps la receveuse des postes, mademoiselle Elodie Lepet, put lui glisser ces mots à l'oreille, tout en lui recommandant une lettre : « Dans la poche du troisième muet du Musée ! » Et il voulait dire du troisième de ces bonshommes mis en bourgeois, comme vous et moi, et qui faisaient, dans la large tente, aux sinueux chemins, un commencement de foule. Retenu par sa grandeur administrative au rivage, — M. Tournebite étant premier adjoint — il n'avait pas encore condescendu à aller visiter ce spectacle. Il se réservait pour une occasion et l'avait enfin trouvée. Mais il s'était fait décrire les lieux par d'autres visiteurs, pour ne se point tromper, et ainsi avait-il choisi, en connaissance de cause, sa boîte aux lettres.

Pendant qu'il faisait cette petite visite à sa future bonne amie, madame Tournebite recevait, des mains d'une servante dévouée, ce petit mot de son cousin qui habitait Paris et que son mari ne connaissait pas : « Cher ange adoré, j'ai reçu ton avis. Je pars. Je serai à Potinville à quatre heures et irai tout droit au musée de figures de cire que tu me signales. Enfin, mon idole, nous allons pouvoir causer un instant après une si longue absence ! Je me meurs depuis ton départ. Ce maudit mariage m'a tué. Ah ! que tu as été faible, Palmyre ! Mais, si vraiment tu m'aimes encore, il y aura d'heureux instants pour nous et l'avenir nous consolera du passé ! Ton fidèle et malheureux parent : Cadet. »

Comme vous l'avez deviné déjà, ce collatéral amoureux, qui n'était autre que notre ami Cadet-Bitard, avait été fort dérangé, dans ses projets, par l'hyménée de sa cousine et par l'arrivée du maître avoué Tournebite dans sa famille. Mais c'était, comme vous le savez, un garçon de cœur, obstiné en ses tendresses, et qui ne s'était pas découragé. De son côté, Palmyre n'avait pas tardé à regretter d'avoir un chicanous pour époux. Très habile à ruiner les clients, Tournebite l'était moins à rendre une femme heureuse. Et puis, préoccupé comme il l'était de mademoiselle Lepet, négligeait-il déjà la sienne, bien que leur union ne remontât pas à plus d'une année.

A l'heure de l'arrivée du train, Cadet-Bitard faisait son entrée, et dix minutes après il était sous le dôme de toile du musée Ouweston. Il y avait été devancé par madame Tournebite, délicieuse, à vrai dire, dans sa toilette de printemps. Car on était au temps fleuri des idylles et cette étrange bucolique était bercée, au dehors, par la chanson innombrable des oiseaux battant des ailes dans les feuillages tendres qui faisaient du cours un immense jardin.

III

O joie de se retrouver avec des âmes vraiment éprises et ferventes, après avoir pu douter longtemps l'un de l'autre ! Il est un Dieu pour les cœurs sincères. Tous deux se trouvèrent seuls d'abord en ce mal commode mais unique lieu de rendez-vous, et se purent regarder longuement, les yeux, dans les yeux, les mains dans les mains, avec des baisers captifs, mais impatients de s'envoler sur les lèvres. Il la trouva plus belle que jamais, sous sa chevelure noire aux veines bleues, avec sa bouche souriante, sur la nacre à peine entrevue des dents, dans son corsage clair d'où sa poitrine émergeait, impertinente, sous la transparence d'une gaze, plus modelée en chairs qu'auparavant par les mains du mariage, lesquelles n'ont pas leurs pareilles pour mettre au point ce qui fera les délices des coupables amours. Ah ! jeunes gens ! Au nom de la morale et de vos propres joies, ne vous attaquez jamais aux vierges. Laissez les justes noces préparer vos nobles plaisirs et gardez-vous d'en vouloir à l'ouvrier patient qui vous confectionne un chef-d'œuvre autrement enviable que l'innocence ! Vous profiterez d'ailleurs de la grippe où on le prendra, un jour ou l'autre, par une loi inexorable, et la comparaison vous fera une source nouvelle de légitime fierté. Oui, tout maladroit qu'il était aux choses sacrées de l'amour, ce décrotteur de papier timbré avais mis sa pierre — la première et la plus fondamentale — à l'édifice de la beauté parfaite de madame Tournebite, alors dans tout son épanouissement. Il avait magnifiquement et libéralement préparé ces voies — si j'ose m'exprimer congrûment ainsi — au vainqueur à venir, à celui qui arriverait un jour portant les myrtes en fleurs d'Eros au front et qui était, pour l'instant, l'heureux et déjà connu de tous Cadet-Bitard.

En bien peu de temps, ils se dirent bien des choses, Cadet et elle, buvant l'haleine l'un de l'autre, ne se lassant pas de se regarder, dans la tiédeur voluptueuse qu'un jour déjà chaud d'avril mettait autour d'eux, sous ce jour transparent que tamisait la tente, et qui tombait avec des matités d'ambre sur le sable fin. Ah ! ce qu'ils se fichaient des portraits des membres du nouveau cabinet ! Je vous jure qu'ils ne parlaient pas politique. Ils avaient mieux à faire de concerter une rencontre prochaine à Paris, où une fausse lettre de sa tante appellerait madame Tournebite, et de combiner pour le soir même, dans la nuit sans lune, un complément d'entrevue au bout du jardin.

Il allait lui prendre un baiser, quand elle devint toute pâle : « — Mon mari ! » murmura-t-elle, et elle disparut derrière un groupe de cire, plus légère que Galatée derrière les saules virgiliens. Cadet, qui avait une venette épouvantable que l'avoué eût vu quelque chose en entrant, — car c'était bien M. Tournebite qui était entré, — eut une inspiration de génie. Comme autrefois la femme de Loth subitement changée en statue de sel et devenue comestible, il se figea, pour ainsi parler, dans la pose où il avait été aperçu, immobilisant son geste comme dans une photographie vivante et instantanée, de façon à être pris, par un homme qui ne l'avait jamais vu, pour un des mannequins de cire dont j'ai parlé plus haut, habillés, comme nous, à la moderne. Il était justement entre le deuxième et le troisième, prenant par conséquent, pour qui venait de la porte, le rang de ce dernier. Il s'acquitta si bien de ce rôle de tableau vivant que l'avoué s'y trompa absolument. Détail comique et de mauvais goût : M. Tournebite commença par lui lâcher sous le nez, sûr qu'il était de l'impunité, un vent qu'il retenait depuis longtemps. Impossible de tirer son mouchoir ! Le pauvre Cadet huma la prise tout entière sans avoir seulement le droit de dire : ouf ! Après quoi, son vaporisateur tira rapidement un poulet de sa poitrine — j'entends la brûlante lettre d'amour qu'il avait rédigée pour mademoiselle Lepet, et la lui glissa, comme il l'avait annoncé, dans la poche droite de son pardessus. L'avoué, qui n'était venu que pour cela, tourna rapidement le dos ensuite avec une nouvelle explosion de gaîté et sortit. Car, pour rien au monde, il n'aurait voulu être vu causant familièrement avec la directrice des postes. A peine eut-il franchi le seuil que Palmyre jaillit de sa cachette, toute joyeuse du péril passé. Elle sauta au cou de Cadet, qui lui conta que son mari était tellement distrait qu'il l'avait pris certainement pour une boîte aux lettres. Vite, ils fouillèrent, trouvèrent, lurent ensemble et sautèrent de joie. C'était une déclaration adultère, au premier chef, et en bonne forme, avec phrases ambiguës pouvant faire croire à une liaison déjà ancienne. Pauvre sieur Tournebite ! comme ils le tenaient, maintenant. Palmyre, qui avait pressenti les sympathies de son mari pour mademoiselle. Lepet, ne douta pas un instant. Aussi quand celle-ci entra, à son tour, dans le musée, pour chercher l'épître de son galant, est-ce elle-même, madame Tournebite, qui la lui tendit en lui disant :

— Voilà, mademoiselle, ce que M. Tournebite m'a remis pour vous.

La malheureuse faillit tomber à la renverse. Cadet, qui avait des influences, la menaça généreusement de la faire destituer, et madame Tournebite d'un procès scandaleux qui serait sa perte. Elle demanda grâce.

— Soit ! dit Palmyre, mais donnant donnant ! Vous nous octroyerez tout à l'heure l'hospitalité dans votre chambre et vous veillerez sur notre sûreté.

La pauvre Elodie accepta tout. L'un après l'autre, Cadet et Palmyre entrèrent à son bureau par la porte interdite au public, par laquelle on ne manque jamais de vouloir entrer. *Nec sit mihi credere tantum!* comme il est dit dans l'admirable églogue de Gallus.

Dans ce temple sacré de l'administration ; derrière ces persiennes fermées où le mystère des correspondances s'abritait, où se faisait, entre des mains s'étant levées pour un serment solennel, l'échange des sentiments par courriers affranchis ou non ; sous l'égide du secret professionnel ; à deux pas de ces facteurs loyaux et fidèles, obscurs serviteurs de l'État qui veulent bien nous remettre souvent nos lettres, un citoyen vivant des lois, presque un législateur, fut cocufié indignement, à tête que veux-tu, avec impunité et délices. Moi qui suis toujours pour les amoureux, j'en suis personnellement enchanté. M. Tournebite n'a qu'à prendre sa revanche. Mademoiselle Elodie, avec son petit air bureaucratique et son pince-nez qui a l'air juché sur une queue d'oiseau, tant son petit nez est mobile et retroussé ! n'est pas non plus un morceau à dédaigner.

IV

En regagnant Paris, le lendemain, Cadet-Bitard, qui ne manquait jamais de faire des vers en voyage, le chemin de fer étant, par son rythmique mouvement même, un merveilleux métronome, ajouta, à son volume des *Sonnets fantasques*, celui-ci :

FLIRTATION

Oubliant la langue des sens
Pour ne vous plus parler que d'âme,
A vos pieds je voudrais, madame,
Me fondre en propos innocents.

Et, vous jurant que je ne sens
Pour vous qu'une pudique flamme,
D'un très mystique épithalame
Vous chanter les couplets décents.

Et vous, sans sourire à la bouche,
Craintive et même un peu farouche,
Pur comme un lys qui pâlit

Au moindre souffle qui l'effleure,
Vous m'écouteriez — jusqu'à l'heure
Où nous nous mettrions au lit !

LE MAUVAIS ŒIL

LE MAUVAIS ŒIL

I

C'était un fait avéré, depuis des siècles, dans la maison illustre des Lecucq de la Moutardière, — lequel fait était d'ailleurs tout à l'honneur des destinées glorieuses et élevées de cette race, — que jamais un Lecucq de la Moutardière n'avait pu se trouver en face d'un derrière nu, ou de quelque chose qui y ressemblât sans en éprouver quelque inconvénient dont le plus ordinaire était la mort. La sombre légende remontait à Pharamond, sous le règne de qui le petit Mérovée de la Moutardière, âgé de huit jours seulement, ayant commis l'imprudence d'ouvrir les yeux pendant la toilette intime de sa noble mère, les referma immédiatement pour rentrer dans le sommeil de l'éternité. Un peu plus tard, un Chilpéric de la Moutardière, page du roi Dagobert, ayant eu la témérité de regarder dans la chambre du roi, par le trou de la serrure, au moment où celui-ci changeait de côté sa culotte sur le conseil de saint Eloi, succomba subitement à la rupture d'un anévrisme qu'on ne lui avait jamais connu. Plus tard encore, un Gaëtan de la Moutardière, montant à l'assaut de Saint-Jean-d'Acre, fut comme foudroyé, sans qu'aucune blessure apparente eût été retrouvée sur son corps, et par ce fait seulement que le compagnon d'armes qui grimpait immédiatement devant lui avait eu son haut-de-chausse enlevé par une flèche sarrasine. Postérieurement, — c'est le cas d'employer ce vilain mot — M. Philippe de la Moutardière était tombé à la renverse, pour ne plus se relever, mis inopinément en face du séant découvert d'un huguenot, chassé de France par la révocation de l'édit de Nantes et n'ayant pas eu le temps de mettre son pantalon pour passer la frontière. Pendant la Révolution, un Adalbert de la Moutardière avait succombé à un mal inconnu devant l'enseigne naturaliste d'un cabaret de sans-culottes. Enfin, sous la Restauration, un Gontran de la Moutardière s'était éteint, à la fleur de l'âge, d'une maladie de langueur pour avoir trop regardé, dans le musée de Versailles, le portrait de Louis XVIII. Une telle série de malheurs, amenés par des causes analogues, ne pouvait laisser aucun doute sur l'existence d'une fatalité auprès de laquelle celle qui poursuivait les Atrides n'était que de la Saint-Jean. Quand on parlait du « mauvais œil », en cette la Moutardière, vous imaginez bien celui qu'on voulait dire et qui n'est pas accoutumé à porter de lorgnon.

Dernier héritier de cette souche héroïque et injustement poursuivie par le destin, le baron Pancrace Lecucq de la Moutardière, excellent gentilhomme, mais terriblement vessard à l'endroit de la mort, n'avait qu'un souci, celui d'échapper à la commune loi. Son unique soin était donc d'éviter le spectacle fatal, ou tout autre spectacle qui le rappelât, même de loin. Jamais il ne sortait le soir, aux temps de pleine lune. Quand il se promenait dans la campagne, il s'interdisait les sentiers bordés de haies où les mangeurs de raisin prennent leur odorant relai, bannière au vent et chantant à cul-tête. Enfin, il n'avait jamais souffert qu'on servît à sa table un fromage de Brie entier, non plus qu'un melon, si ce n'est complètement découpé. Il ne s'arrêtait jamais devant les vitrines des photographes, de peur d'y rencontrer l'image de Gailhard ou de Paravey. Et toutes ces précautions, inutiles d'ailleurs quand elles se heurtent à une volonté inexorable d'en haut, s'expliquaient le mieux du monde, par un plus noble et plus impérieux sentiment que l'immonde instinct de la conservation. Il est dur, en effet, de quitter la vie quand on y possède une femme admirable avec laquelle on n'est plus sûr de coucher du tout dans la vallée de Josaphat. Car il n'y fréquente, paraît-il, que des âmes, ce qui est bien insuffisant pour les amateurs de belles fesses dodues, dans la tiédeur encourageante des draps.

II

C'est qu'elle était merveilleuse de beauté, cette baronne Michelle dont notre ami Cadet-Bitard (1) était d'ailleurs éperdument amoureux. Irréprochable au point de vue callipyge, ce qui était un véritable supplice pour son mari qui avait dû prendre pour devise l'axiome renversé : « Touchez, mais ne regardez pas », elle avait su grouper, autour de ce point essentiel, de ce centre des amoureuses

(1) Une très spirituelle lettre de mon ami Coquelin cadet m'apprend que mon Cadet-Bitard n'est pas du tout, comme je me l'imaginais peut-être moi-même, un personnage de pure imagination, mais bien son propre cousin issu de germain. Nous saurons un gré infini au sympathique sociétaire de la Comédie-Française de nous communiquer tous les renseignements sur notre héros, qu'il pourra trouver dans ses papiers de famille. J'ai de fortes raisons de croire que Molière n'est pas le véritable auteur de ses meilleures pièces, mais qu'il les faisait faire par un Cadet-Bitard, ancêtre du nôtre, pour vingt-cinq livres et en lui recommandant le secret. L'historien allemand Krottdeberger affirme que Napoléon allait perdre la bataille d'Austerlitz, quand un brigadier nommé Cadet-Bitard, et petit-fils du précédent, lui souffla la manœuvre qui décida de la victoire. Enfin, le savant Hollandais Vandanus ne se gêne pas pour dire que le nom fameux d'Homère n'était que le pseudonyme d'un Cadet-Bitard hellène. Ainsi la famille obscure des Cadet-Bitard représenterait, dans l'histoire de l'humanité, le génie modeste et pratique qui ne travaille pas à sa propre gloire, mais se contente de faire celle des intrigants.

A. S.

délices, un ensemble de grâces subalternes et de charmes accessoires sur lesquels le silence n'est pas permis. Citons une admirable chevelure noire qui la casquait comme les antiques amazones; de beaux yeux clairs et transparents, avec un sable d'améthyste au fond; une bouche dont le sourire était comme un étincellement de nacre et de corail dans la profondeur des eaux; une gorge qu'un attelage de colombes blanches aurait eu grand'peine à traîner sur un miroir dans un char de pierreries; des bras harmonieux de dessin comme des ailes; des jambes qui n'étaient qu'une vivante coulée d'ivoire veiné de bleu. Et tout cela enveloppé d'un parfum de chairs vibrantes comme des lyres, impressionnables et délicates comme des pétales de volubilis. Vous pensez si Cadet-Bitard se consumait en désir véhément, en appétence passionnée pour une telle créature. Il en perdait le boire, — si ce n'est de bon vin, — et le manger, — si ce n'est de perdreaux truffés. Car mon ami a pour principe qu'il faut nourrir sa douleur pour ne se point dérober lâchement aux mystérieuses volontés du Très-Haut. Laisser mourir de faim son désespoir d'amour est l'acte d'un homme sans foi et sans résignation chrétienne, une impiété manifeste et l'indice d'un estomac délabré. Etait-il donc vraiment si désespéré que cela, ce pauvre Cadet-Bitard? Mon Dieu, il y avait un peu de quoi. La baronne avait agréé ses hommages avec une grâce parfaite, mais sans les encourager le moins du monde et surtout sans les récompenser en quoi que ce soit: il se morfondait en lyriques expansions sans obtenir mieux qu'un regard de pitié hautaine. Le beau spihnx s'amusait, sans doute, de sa torture. Et penser que, de tous ces biens, le plus précieux et le plus éminent était perdu pour tout le monde, puisque le légitime époux n'en pouvait lui-même jouir, sans encourir la colère immédiate du ciel! Avec quelle ardeur il rêvait de ce séant aristocratique, copieux et inviolé même par le regard, dont le mensonge des jupes dissimulait mal les tentantes rotondités! Quel beau voyage amoureux il eût fait, heureux Christophe Colomb, dans cette terre inexplorée, dans ce Paradis interdit même à son Dieu! Ce beau songe l'emplissait de délicieuses mais stériles luxures; il s'abîmait dans ce néant savoureux. L'idole demeurait insensible et Michelle se laissait tranquillement adorer.

Aussi pourquoi avait-il entrepris cette cour difficile en hiver! Il faut la complicité charmeresse du printemps, des fleurs et des oiseaux chantant dans les haies, à certaines conquêtes malaisées; la griserie délicieuse des parfums et des musiques lointaines, à certaines rebelles. Toujours spirituelle, — quand il s'agit de sa beauté, s'entend, — la femme approprie toujours celle-ci au décor qui l'environne et qui n'est créé que pour elle, depuis l'origine des temps. Peut-être était-ce seulement parce qu'il y avait du givre aux croisées et de la neige dans les allées du jardin, que les merles gobaient des sorbets sur la pelouse et que les tilleuls avaient l'air de pains d'épices saupoudrés de sucre, que Michelle, respectueuse de cette harmonie polaire, soucieuse de mettre sa note dans cette symphonie en blanc majeur, demeurait froide comme les frimas qui pendaient, en lourdes palmes, aux branches ployées des sapins.

III

Ce petit bout de paysage à la plume vous indique que nous sommes à la campagne. A la campagne, non! Mais dans une de ces jolies villas de Passy sur lesquelles s'étend, en été, un véritable rideau de verdure, précédées qu'elles sont d'un parterre où s'ouvrent les premières violettes, où meurent les derniers chrysanthèmes, délicieux séjour où mes rêves ont mis souvent leur furtifs espoirs de tranquille vieillesse. Le baron occupait une des plus charmantes et des plus spacieuses à la fois, non loin de celle sur laquelle plane, comme un aigle blanc aux ailes engourdies, le glorieux souvenir de Lamartine. Une de ses distractions favorites, ces jours passés, avait été de faire, dans son jardin, des bonshommes de neige. Ainsi, dans d'innocentes occupations cherchait-il l'oubli du souci intérieur dont il était rongé, pour ce qu'il ne pouvait voir, sans danger pour sa vie, le derrière de sa femme. Ce soir-là il avait préparé un socle solide pour y asseoir le lendemain le buste dont il méditait la fragile sculpture. Ce beau bloc de neige durcie semblait une borne de marbre.

Et c'est, en effet, pour une borne que le prit le doux Cadet-Bitard quand, la nuit venue, il vint, selon sa coutume, tristement méditer sous les fenêtres closes de la bien-aimée, dessinées seulement par une vague raie de lumière entre les rideaux. La porte du jardinet était restée ouverte et, pour se rapprocher davantage, il en profita. Une passion nouvelle lui vint de fouler le même sable qu'elle et de poser ses lèvres ferventes sur les marches où elle avait posé ses jolis pieds. Après quoi, n'alla-t-il pas s'asseoir sur la fameuse borne de frimas que le baron avait édifiée pour sa statuaire. Et là, indifférent comme le sont les poètes aux insipides malheurs de la vie, dédaigneux de la fraîcheur qui, montant de son siège, lui traversait le caleçon et dont il ne daignait même pas chercher la cause, tout à sa rêverie d'inspiré, sous le regard à la fois compatissant et railleur des étoiles, il secoua de son cerveau endolori, comme les flocons d'une branche enneigée, les rimes qui suivent et grossiront le volume de ses *Sonnets fantasques* :

INQUIÉTUDE

O froide Michelle, que n'ai-je
Le droit charmant, que je n'ai pas,
De m'assurer si vos appas
Sont de marbre ou bien sont de neige.

Las de subir leur sortilège,
Errant, dans l'ombre, sur vos pas,
Je braverai jusqu'au trépas
Pour posséder le privilège

D'envelopper, dans tous les sens,
Leur blancheur de bras caressants,
Comme un lierre s'enlace à l'arbre,

Et, sans souci de la vertu,
De savoir enfin *de tactu*
S'ils sont de neige ou bien de marbre !

Aïe! Il se sentit doucement glisser comme si un creux s'était fait dans son siège. Et, en effet, sous la chaleur animale de son individu postérieur, la neige avait commencé de fondre, se moulant étroitement au modèle qui la défigurait en la meurtrissant de son poids. Craignant d'éternuer, — car il se sentait les tempes pincées par un coryza subit, — notre amoureux transi s'évada comme un voleur en maudissant l'inhumaine.

Et le lendemain matin, sous le regard clair de l'aube toute rose et floconneuse, comme si un mystérieux cuisinier avait plumé des ibis dans le ciel, le baron, descendant tranquillement au jardin pour y faire son bonhomme quotidien, n'eut pas plutôt aperçu, gravé en creux dans le socle déshonoré qu'il avait édifié la veille, le signe fatal, qu'il rendit le dernier soupir, foudroyé par une congestion.

Cadet-Bitard s'est distingué, le fourbe! à son convoi, par un luxe de douleur, lequel n'est qu'un subtil moyen de se rapprocher de Michelle, sous le prétexte de venir mêler ses propres pleurs aux siens.

A CHACUN LE SIEN

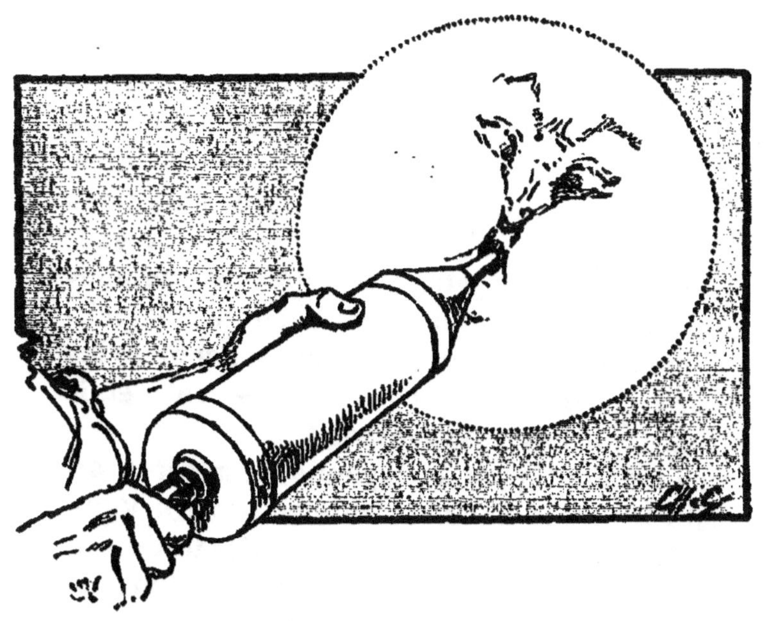

A CHACUN LE SIEN

I

Entre amis, en une de ces heures veules et inoccupées que nous volons aux caresses despotiques de nos maîtresses, pour nous donner un sentiment de liberté, assis à angle droit, sur les banquettes au velours d'un rouge crasseux qu'on ne trouve que dans les cafés, le nez sur le marbre banal où les joueurs de dominos ont crayonné leur bruyante arithmétique, le vermouth et l'absinthe jetant une note de topaze et d'émeraude dans la lumière monotone du gaz et la fumée des pipes et des cigares embuant l'atmosphère lourde et malsaine, comme il convient à des gens qui ne savent que se dire, nous causions de l'invention de la poudre; nous étions tous d'accord, d'ailleurs, sur ce point que, malgré sa malice à en jeter aux yeux, des commissions budgétaires, — poudre d'or, disent les malveillants; simple tabac à priser, pensai-je, comme les malfaiteurs en ont toujours sur eux — ce n'était pas Gailhard qui l'avait inventée.

Les uns tenaient pour la légende accréditée du franciscain Berthold Schwartz que le bon roi Venceslas de Bohême fit très justement décapiter, en 1338, pour avoir doté l'humanité d'une aussi pernicieuse découverte. Mais les autres, repoussant l'assertion d'Andréas Rustzki et d'Otto Grahl, faisaient honneur de cette infamie au moine Constantin Anglitz, qui serait mort tranquillement dans son lit.

Mon ami Cadet-Bitard qui, par aventure, s'était fourvoyé là, chassé de chez lui par l'atrabilaire humeur de sa bonne amie, Cadet-Bitard extraordinairement mélancolique d'employer si mal un temps que les baisers feraient si rapide et si doux, sortit néanmoins de sa torpeur méditative et carrément s'écria :

— Tout ça, des bêtises ! Ce n'est pas les Allemands qui ont inventé la poudre. — Tout au plus se sont-ils contentés de perfectionner la poudrette qu'ils fabriquent avec succès. La poudre est d'invention française, et quand on pense au nombre d'imbéciles dont elle nous a débarrassés, nous ne saurions en être que glorieux. Il y eut bien un moine dans l'affaire, mais qui ne se nommait ni Schwartz ni Auglitz; voire s'appelait-il Pancrace Latrouille et était-il de la bonne abbaye de Rabelais, bedonnant, ivrogne et paillard, avec un plant de fraises rouges sur le nez et des yeux larmoyants de délices sous de gros sourcils gris. Quant à celui qui fit vraiment la découverte, c'est mon ancêtre Polydore Bitard, apothicaire à Montpellier, et dans les circonstances que je vais vous dire, ainsi qu'il résulte des papiers de famille que m'a transmis, pour les consulter, mon cousin le gentil comédien qui fait tant rire les belles filles... et pas au théâtre seulement.

Conticu... Bon! j'oubliais qu'on est mal vu maintenant à citer les maîtres latins! Je reste donc sur mon *cu*, sans continuer le beau vers virgilien. Tous se turent, allais-je dire, et après avoir exhalé un gros soupir vers celle qui l'attendait, en maugréant, dans ses lares, Cadet-Bitard poursuivit ainsi :

II

— Le frocard Pancrace Latrouille et mon aïeul Polydore étaient liés d'une amitié singulière et le galant religieux n'avait aucun secret pour le subtil apothicaire. Ce dernier ne fut donc nullement surpris en voyant arriver le moine, dès la petite aube rose, à l'heure où lui-même ouvrait ses volets et disposait ses bocaux à la vitrine pour engager les clients à se venir purger. Car l'officine de maître Polydore était certainement la plus coquette de

Montpellier et il était malaisé de passer devant sans avoir envie d'y acheter quelque chose, ne fût-ce que pour se rafraîchir les entrailles seulement. Car on était au temps heureux où les matassins, précurseurs en cela des photographes, opéraient eux-mêmes. Mon aïeul Polydore était justement renommé pour la sûreté de son coup d'œil et pour l'adresse de son doigté. Il vous aurait donné un clystère à une mouche avec une canne en sureau. Comme il avait avec cela de l'esprit, les dames abondaient dans son hydraulique laboratoire, lequel était devenu, vers cinq heures de l'après-dîner, le rendez-vous du high-life féminin. L'excellent homme distribuait son apéritif intestinal avec autant de courtoisie que d'équité, faisant passer chacune à son tour, et tout au plus prolongeant l'expérience en faveur de celles qui lui montraient le plus joli spectacle. Il prétendait, le malin ! que la durée de l'opération devait être proportionnée à la dimension du sujet. Il n'eût pas consacré moins d'un quart d'heure au drainage humide de la Vénus Callipyge. — « Il faut imiter la nature en toutes choses, disait-il très sagement, et ne voit-on pas toujours les gros nourrissons téter plus longtemps que les petits? » Comme il se serait ennuyé, le dimanche, les vêpres empêchant sa clientèle ordinaire de venir, il donnait aux filles pauvres des lavements gratuits, par simple charité évangélique, et quelquefois, sous les cottes déchirées et crasseuses de ces dépenaillées, découvrait-il quelque admirable derrière ferme et poli, digne d'une enveloppe de brocart ou de velours. Ce lui était un sujet de méditation douloureuse à l'endroit de l'inégalité des conditions entre les femmes, dont la beauté n'est pas toujours traitée suivant ses mérites. Les jours de grande fête, comme les pauvresses elles-mêmes demeuraient devant les porches ecclésiastiques pour mendier en offrant des prières, il s'injectait lui-même, mais en se regardant dans une double glace pour ne se pas habituer à tirer au jugé, ce qui est une détestable habitude pour un apothicaire.

— Qui vous amène de si bonne heure, Pancrace? demanda-t-il au moine. Mais d'abord goûtons un peu de ce vieux Roussillon qui m'est arrivé hier.

Tous deux s'assirent sous une tonnelle fleurie de clématite sauvage et de chèvrefeuille où les oiseaux, s'éveillant, secouaient leurs ailes mouillées, et qui était située au fond du jardinet servant de doublure intérieure à la boutique. On eût dit que deux rayons d'aurore, deux rayons d'or rouge étaient tombés dans leurs verres. Silencieusement ils humèrent par trois fois « en buvant à leurs mutuelles santés » : après quoi le doux Pancrace acheva la bouteille au goulot, en faisant une musique gourmande avec son gosier qu'agitait un frisson de plaisir.

— J'aurai plus de courage maintenant, fit-il, à vous dire ce qui me conduit à vous.

— Je suis, en effet, curieux, continua poliment mon aïeul, de savoir quel bon vent...

— Comment le savez-vous? interrompit en riant l'homme de Dieu.

III

— C'est un vent, en effet, poursuivit-il, ou plutôt plusieurs vents ; ou, pour mieux dire : une tempête. Eole a décidément élu domicile chez moi. Vous savez, mon précieux Polydore, que je fais cocu le boulanger Mithridate et je ne saurais vous dire combien je suis gêné, devant madame Mithridate, par cette continuelle expansion. La mijaurée n'entend pas la raillerie par ce côté. Il est si peu de femmes parfaites ! Elle me fait des nez...

— C'est en effet une spirituelle vengeance, dans l'espèce, mais elle ferait mieux de boucher le sien, observa judicieusement mon aïeul. Et il continua : Un peu de poudre de charbon et vous deviendrez muet à étonner les poissons eux-mêmes quand vous vous baignerez dans la rivière.

— Mais ce n'est pas tout, objecta le père Latrouille. Le second aveu m'est plus pénible encore. Elle est charmante, madame Mithridate, mais il me faudrait quelque vingt ans de moins pour la satisfaire en ses multiples aspirations. Je ne suis pas de bois, Polydore, mais non plus, maintenant, ne suis-je de bronze. Il m'arrive de partir imprudemment pour des chevauchées où je me dérobe et de me ruer en guerre sans pertuisane. Alors la charitable dame se moque de moi, et ce m'est un nouvel obstacle à retrouver mon aplomb en selle ou ma lance, suivant que l'une ou l'autre de ces images plaira le mieux à votre imagination naturelle.

— Vous devriez venir chez moi à quatre heures, tous les jours, interrompit le complaisant apothicaire, à l'heure de ma consultation hydraulique. Je vous cacherais derrière un rideau, et ce que vous verriez... Tenez, madame Mithridate est justement de mes clientes. J'approuve votre choix. C'est dodu et confortable. Un petit signe sur la gauche, n'est-ce pas ? Vous voyez que je suis un observateur.

— J'aimerais mieux, compère, répliqua le moine, un encouragement que je pourrais prendre chez moi.

— Quelque chose qui vous mît un peu de pétulance dans le sang, comme au temps glorieux de la jeunesse.

— Précisément.

— Nous avons le salpêtre, appelé nitre par les ignorants, qui est souverain pour cela. Charbon et salpêtre, une mixture savante et raisonnée. Je vois ce qu'il vous faut, mon cher Pancrace, et vous le vais préparer sur-le-champ, durant que vous décrotterez un second flacon du vin qui paraît tant vous plaire.

Et mon aïeul, gravement, se retira dans son laboratoire, laissant le moine aux prises avec le Roussillon qui lui envermeilla si fort le nez que, lorsqu'il s'endormit doucement après, les oiseaux y venaient picoter comme à un bouquet de sorbes, effarouchés bien vite par les ronflements qui sortaient de cette tomate.

— Voilà, mon père, dit gentiment Polydore, en rapportant à son ami la poussière noire qu'il avait obtenue suivant sa propre ordonnance.

— Ça n'est pas joli à l'œil comme le vin, grommela le moine. Et il faudra que j'avale cela ?

— A moins que vous ne le preniez en clystère, suivant que les vents dont vous vous plaignez viennent de haut ou de bas.

— De bas, mon compère, et j'aime mieux agir ainsi. Aussi bien votre salpêtre sera-t-il plus près de ce qu'il doit réchauffer. Grand merci, mon Polydore, et la bénédiction de Dieu soit sur vous.

Et le religieux avait levé les deux mains en l'air, comme il convient quand on dit ces solennelles paroles.

IV

Dans une seringue rustique qu'il dut dérouiller pour l'occasion, Pancrace insinua la fameuse poussière, sans s'apercevoir que ladite seringue avait un petit trou, fait par l'usure du temps, là où les canons ont la lumière, à la hauteur où commence la course du piston. Pas davantage il ne s'aperçut que la canule était bouchée par un tampon qu'y avait mis la vétusté. Enfin, le plus imprudemment du monde, il battit le briquet, pour allumer sa chandelle, quand la nuit tomba, dans le voisinage de l'arme singulière qu'il venait d'improviser. Une étincelle ! Pan ! L'étincelle avait été droit au petit trou. Une formidable détonation et le bruit d'un verre qui casse. Un verre que la bourre avait été frapper.

Le moine Pancrace Latrouille, croyant que la foudre lui tombait dessus, en punition de ses luxures variées, se jeta à genoux en implorant l'inépuisable miséricorde de Dieu. Puis il revint à une appréciation plus raisonnable et plus raisonnée des événements et découvrit qu'il venait de découvrir la poudre... La poudre, non! mais au moins le fusil. La poudre, c'était mon aïeul Polydore Bitard qui l'avait réellement inventée, comme j'avais l'honneur de vous le dire tout à l'heure.

— D'ailleurs, ajouta Cadet-Bitard, je fais remonter cette découverte encore plus haut. Je n'aime pas qu'on manque d'équité historique même envers les plus humbles légumes. *Suum cuique.* J'ai composé le sonnet suivant (un de mes *Sonnets fantasques*) que je vais vous dire, uniquement pour restituer sa part de gloire à un farineux méconnu, et c'est lui qui vous parle par ma bouche, bien que ce ne soit pas par là qu'il parle habituellement.

REVENDICATION

Nonobstant ce que ma parole
Peut avoir pour vous détonant,
Le plus antique d'étonnant,
C'est moi, le petit-fils d'Eole.

Soissonnais, vole, vole, vole
Dans l'air parfumé, bourdonnant !
Cartouche dont l'esprit sonnant,
Des engins stupides console !

On admire, dans ses essors,
L'aimable fusil d'où je sors,
Quand une belle en est armée.

Je ne manque jamais d'effet ;
Enfin, ce qui me rend parfait :
Ma poudre brûle sans fumée.

Et mon ami Cadet-Bitard se tut, sur un murmure flatteur de l'assemblée.

CONTE DE NOEL

CONTE DE NOEL

I.

J'ai, pour les amours ancillaires, un mépris que je ne dissimulerai pas. Les travaux domestiques et mercenaires sont un avilissement, pour la femme, contre lequel ma conscience a toujours protesté. La femme ne devrait rien vendre de son corps, pas plus les bras que le reste. Car, en elle, tout est sacré, tout étant quelque chose de son immortelle beauté. Dans une société moins barbare que la nôtre, elle serait toute à la maternité et à l'amour. Aussi suis-je si franchement esclavagiste que je me puis considérer comme un des fondateurs de la République au Brésil. Non pas que je veuille rédui en servitude les prisonniers de guerre non plus que les bons nègres qui, comme les singes, leurs frères cadets, ont droit à la liberté; mais nous possédons, au sein de notre compagnie moderne et civilisée, un tas de gredins et de paresseux dont on ferait d'excellents domestiques en donnant à des maîtres, choisis par les tribunaux, droit de vie et de mort sur eux, comme l'avaient les patrons antiques. On leur fourrerait vingt coups de bâton quand ils demanderaient des étrennes, et ce serait une notable économie au Jour de l'An. Pour toute saturnale annuelle, on leur permettrait une visite à l'Académie. Ainsi les ignobles labeurs seraient faits par des gens ne méritant pas d'en faire d'autres, et la femme serait vraiment affranchie. Mais ployer, sous des jougs humiliants, cet être frêle, doux et sacré, source de toutes délices comme de toutes peines, c'est une impiété et un sacrilège dont je détourne toujours avec horreur les yeux.

Ce dégoût pour la tendresse — fatalement aussi intéressée que celle des courtisanes — des servantes m'a induit dans une ferveur singulière pour ces dernières qui, au moins, accomplissent une mission pour laquelle elles sont faites.

> ...Chacun son métier :
> Celles-ci seront mieux gardées,

comme a dit à peu près et fort judicieusement La

Fontaine. Et cette répulsion pour les bonnes en tant que maîtresses s'étend à toutes les dames qui compromettent leurs jolis doigts dans quelque mercantile occupation (vous devinerez, comme moi, l'exception qu'il y faut faire) : menues débitantes détaillant, elles-mêmes, leurs produits, reines de comptoir servant les clients à la journée. Peut-être cependant, comme mon ami Cadet-Bitard, aurais-je passé outre à cette fâcheuse impression en faveur de madame Marguerite Barigoule, surnommée dans tout le quartier la belle Margot, charcutière dans une simple rue du Marais, à l'enseigne du *Boudin Fleuri*, et femme de Polydore Barigoule, un grand tueür de pourceaux devant l'Éternel. Madame Barigoule faisait, comme toutes les autres, mille choses ennuyeuses à voir faire par sa bonne amie. Elle vous métamorphosait un saucisson de Lyon en noires hosties, comme pour la communion des damnés; elle éventrait des terrines de veau piqué ; elle soulevait du bout du couteau la crête des jambons de Bayonne ; elle égrenait d'immondes chapelets de cervelas, toutes occupations manquant de poésie et ne rappelant pas celle des vestales, gardiennes du feu sacré qui, sous le mensonge des mythologies, demeure éternellement l'Amour. Mais elle faisait tout cela avec de tels gestes d'impératrice et un si majestueux dédain, fière qu'elle était justement d'une robuste et réelle beauté, qu'on avait toujours envie de lui payer sa galantine en galanterie, ce qu'elle n'eût d'ailleurs pas souffert.

Non qu'elle fût fidèle à son mari, mais parce qu'elle était, avant tout, bonne commerçante. Elle était merveilleuse derrière son buffet de marbre blanc tacheté par les noires virgules du boudin. Un poème de chair vivante parmi toutes ces chairs mortes. Comme tous ceux qui vivent dans l'odeur fortifiante du sang, elle portait d'admirables fraîcheurs au visage et semblait un rosier fleuri parmi toutes ces savoureuses funérailles, dans ce cimetière appétissant. Ses sacrés nénets vous bondissaient de dessus cet établi mortuaire, avec une violence de gibus qui se détendent. Ils lui venaient caresser le menton, empanaché à la p ointed'un délicieux petit bouquet de poils follets. Enfin, Cadet-Bilard en était devenu véhémentement épris en lui achetant un disque de mortadelle. Il n'avait pas caché ses desseins et on lui avait su — ce qui est rare — un gré presque immédiat de sa franchise. Ne me parlez pas des mijaurées qui feignent de vous tenir très haut une dragée qui est cependant sous leur tablier, que diable !

Et tous deux faisaient cocu, en conscience et délicieusement, le précieux Barigoule, durant que celui-ci, sous prétexte de travailler à l'abattoir, buvait des petits verres dans tous les cafés, en bon soupeur lutécien qu'il était, enfant du faubourg, ayant pour Paris la passion féroce de ceux qui y trouvent une continuelle occasion de paresse. Peu intéressant, vous le voyez, ce Barigoule, et faisant cependant, grâce à son attirante épouse, des affaires d'or.

II

— Ah ! si tu voulais, mon chéri, dit-elle un jour à Cadet-Bitard, quelle belle semaine nous pourrions passer seuls ensemble et comme nous serions heureux !

— Ton mari s'absente ?

— Lui ! quitter sa boutique pour autre chose que pour aller chez le marchand de vins, tu ne le connais donc pas comme citoyen et tu méconnais donc son caractère auguste d'électeur ?

— Mais alors ?

— C'est moi qui vais passer huit jours dans ma famille, au fin fond de ma chère Bretagne, près de mes vieux parents, à l'occasion de la Noël. Si tu savais comme mon village est joli ! Il s'appelle Montculpetsec et est tout au bord de la mer, dans un site délicieux ! Et puis cette bonne vieille maison où je suis née, où nous serions si libres, où les miens seraient si heureux de te recevoir...

— Plaît-il ?

— Tiens ! je te ferais passer pour mon mari qu'ils ne connaissent pas et qui ne viendra jamais là-bas ! On te ferait une fête ! Le cidre est si bon chez moi ! Oh ! viens, je t'en prie. Ce sera un entr'acte délicieux à la comédie de mensonge que nous jouons ici. Nous n'aurons pas besoin de nous cacher. On nous apportera le lait chaud le matin dans notre lit et nous ne nous lèverons pas pour cela. Veux-tu, dis, mon Cadet bien-aimé ?

Cadet-Bitard, comme il est toujours, est l'homme des résolutions soudaines. Ce coin d'idylle entrevu et de paix hibernale dans un coin retiré du monde, avec une femme aimée, au murmure de l'Océan et dans le parfum des camélias qui poussent en pleine terre, dans la vieille Armorique, tout cela lui monta subitement la tête et la tentation devint immédiatement parti pris.

— Soit, s'écria-t-il, ma bien-aimée, quelle admirable idée tu as eue là!

Et, deux jours après, par le train du soir, dans deux compartiments voisins et ayant résolu de se rejoindre dans le même à la première station, ils partirent le cœur gros de charnelles espérances, voyant fuir derrière eux le quai de départ sur lequel Barigoule allumait philosophiquement une pipe pour se consoler du veuvage.

L'accueil fut tel que dame Marguerite l'avait annoncé, au petit jour, sous un soleil rose, après une nuit de familiarités occultes sous la couverture étendue sur leurs quatre jambes, lesquelles familiarisés, si elles n'étaient pas le repas même, étaient, au moins, un délectable apéritif. Le mari de la petite Margot, le beau monsieur de Paris, fut l'objet d'une curiosité affectueuse et empressée. On le trouva très distingué.

— Nous vous attendions avec impatience, mon cher gendre, lui dit son pseudo-beau-père, mais nous reparlerons de ça après déjeuner.

Et ce propos insignifiant ne troubla pas la béatitude de Cadet qui mangea comme un ogre, tout en embrassant sa jeune épouse entre chaque bouchée.

— Allons, je vois que tu es bien heureuse, dit le vieux à sa fille. Tapez là, Barigoule, et dépêchons-nous. Il faut faire le boudin cette nuit, puisque Noël est demain.

Et, despotiquement, le paysan entraîna Cadet qui commençait à s'inquiéter, jusque dans une petite étable où, lui montrant, dans l'ombre où ses yeux voyaient mal encore, une masse grouillante d'où sortait un grognement :

— Est-ce beau, hein! Allons, vite : une corde, le couteau et le chaudron.

Cadet-Bitard pâlit.

— Et ne craignez pas de le faire souffrir, continua le féroce campagnard ; plus ils gueulent, plus le boudin est bon. Je vas vous regarder pour prendre une leçon. Nous n'avons pas, tous les jours, un grand charcutier de Paris pour saigner nos bêtes. En voilà une chance! Aussi nous vous attendions comme le Messie...

Cadet-Bitard, idolâtre des animaux et membre de la Société protectrice, était livide. Ses regards distinguaient mieux maintenant dans l'obscurité, et il lui semblait que le cochon, qui s'était poliment levé de sa paille, le regardait, lui aussi, avec une sympathie mêlée d'un air de reproche vraiment déchirant.

— Mais je n'étais pas venu pour ça, hasarda-t-il en tremblant. J'étais venu pour m'amuser.

— Vous vous amuserez après, mon gendre. Nous rigolerons toute la nuit en coulant le sang clair dans des boyaux. On se colle ça à la figure, il n'y a rien de plus drôle. Vous barbouillerez Margot à votre aise. Allons, vite, à la besogne. Voilà les outils.

Un sale galopin, pieds nus et pouilleux en diable, venait d'apporter, en effet, un instrument de torture... Un long, long couteau bien aiguisé qui faisait froid, une corde mouillée qui devait déchirer les chairs et une bassine rouge au large sourire de cuivre semblant demander, comme celui de l'antique Hérodiade, le sang d'un martyr.

— Je ne peux pas travailler quand on me regarde, fit résolument Cadet-Bitard. Ça m'intimide. Laissez-moi seul et nous verrons.

— A votre gré, mon gendre. J'ai entendu dire, en effet, que des grands artistes aimaient la solitude pour être inspirés. On s'en va. Mais dépêchez; la Margot va s'impatienter de votre absence.

Et tout bas il ajouta :

— Sont-ils rosses, tout de même, ces Parisiens! Ils ne veulent pas qu'on voie comment ils tuent les cochons!

III

Une fois la porte refermée sur lui, derrière laquelle il poussa un loquet geignard, pour plus de sûreté, Cadet-Bitard se laissa tomber le derrière sur une grosse pierre et réfléchit amèrement. Le cochon le regardait décidément avec une amitié mélancolique. Ses petits yeux obliques roulaient des tendresses inquiètes et son museau rose, son groin satiné frémissait comme pour le baiser, qui implore les suprêmes miséricordes. En même temps grognait-il doucement comme un amoureux qui n'est pas sûr de sa belle et soupire pour l'attendrir. Un rayon de soleil pâle qui traversait les planches mettait une auréole à cette hure vivante, et, dans ce jour fantastique, Cadet-Bitard crut voir distinctement le bienheureux saint Antoine, cuirassé de coquillages contre les tentations, en habit de pèlerin, qu'ont fripé les mains concupiscentes des charmeuses, et qui demandait, en mauvais latin ecclésiastique, la grâce de son ami.

Cadet-Bitard n'eut plus qu'une pensée : fuir avec le cochon, par quelque issue de cette étable à demi en ruines. Après avoir cherché longtemps, il découvrit un coin où les pierres n'étaient plus reliées par aucun vestige de ciment, et, tout doucement, il commença de les enlever les unes des autres, avec précaution toutefois, pour ne pas produire le vacarme d'un éboulement. La petite porte était déjà presque assez haute pour que le porc y pût passer et lui aussi, quand il serait à quatre pattes. Mais voilà-t-il pas que le vieux, qui s'impatientait, vint heurter violemment à la porte en criant :

— Eh bien ! mon gendre, ça va-t-il ?

Cadet-Bitard trouva, dans ce nouveau péril, une nouvelle ressource de son fécond génie. Il se mit à pousser des cris épouvantables de cochon qu'on égorge. Gniou ! gniou ! gniou ! hurlait-il. Et le vieux s'en alla en se frottant les mains et en disant :

— Allons ! le boudin sera bon. Gueule ! gueule, imbécile !

Cadet se remit immédiatement à l'ouvrage. La brèche fut bientôt assez grande. Alors, avec le méchant couteau, il coupa la corde qui attachait le porc à sa lourde auge de pierre, pareille à un tombeau de chevalier. Et, l'ayant mis à la laisse, il le poussa devant lui dans l'ouverture, s'étant accroupi pour la franchir lui-même ensuite, et non sans recevoir une ou deux jolies pétarades de délivrance que le cochon reconnaissant lui tira au nez, en tirebouchonnant joyeusement de la queue.

Personne derrière l'étable ! Sauvés ! ils étaient sauvés ! d'autant que la nuit commençait à venir et protégeait leur double fuite. Avec son nouvel ami, Cadet-Bitard gagna péniblement la station voisine. Ce voluptueux pourceau voulait continuellement se rouler dans la neige. Il dut attendre un train omnibus pour l'embarquer, paya un octroi formidable en arrivant à Paris, ne trouva aucun cocher de fiacre qui voulût se charger de ce colis vivant, reçut congé immédiat de son propriétaire quand il arriva chez lui, fit admettre enfin, à grand'peine et à grands frais, celui qu'il avait sauvé dans un hospice d'animaux récemment fondé par une dame anglaise, et jura de ne plus usurper nulle part les fonctions de légitime mari de ses maîtresses.

Il n'a jamais osé revoir la belle madame Barigoule, mais il lui a rimé ce souvenir dans son fameux volume des *Sonnets fantasques*, souvenir où le Toulousain se retrouve sous le dandy boulevardier que connaissez :

GASCONNADE

J'aime les tétons de Margot,
Ses tétons durs et sans reproche
Où la clarté du jour s'accroche,
Droits comme des coqs sur l'ergot.

Il faudrait être Wisigoth
Pour ne pas préférer l'approche
De ces deux jolis bouts de roche
Même au talent de Monsieur Got.

Dans ma chair, quand elle me presse,
Meurtri sous sa rude caresse,
Sa poitrine se moule en rond;

Et quand, fou d'amour, je m'y cogne,
Tête en avant, comme un ivrogne,
Je me fais des bosses au front!

CONTE FLEURI

CONTE FLEURI

I

Si je n'aimais déjà nos voisins du Nord, pour leur humeur hospitalière et pour leur amour vrai de la liberté, je leur saurais un gré sympathique de leur tendresse pour les fleurs. Il n'est fenêtre, à Bruxelles, qui ne soit fleurie derrière la vitre toujours propre des hautes croisées s'ouvrant intérieurement sur la blancheur dentelée des rideaux. Le printemps y sourit aux passants frileux et leur met au cœur l'espérance du renouveau. Mais c'est à Gand surtout que ce culte des fleurs est comme une folie, et les expositions estivales qui s'y font, dans d'admirables jardins des plantes, sont les plus belles du monde, un parterre de pierreries vivantes et parfumées. L'antique ferveur des tulipiers d'Haarlem qui vendaient leur dernière chemise pour un caïeu, et que hantait le rêve coûteux et désespéré de la tulipe noire, s'est réfugiée là, dans des cœurs simples et passionnés de ce que la nature a fait de plus beau, après la femme, s'entend. Là s'édifient de véritables paradis terrestres où l'on se damnerait volontiers pour la tentation, non pas d'une pomme, mais d'une rose. Se ruiner pour une courtisane est bien et louable, mais se ruiner pour une « Gloire de Dijon » n'est pas non plus d'une âme banale. C'est la ressource des viveurs anciens qui se devraient tous faire horticulteurs, comme moi, s'ils étaient sages. La rose sourit, comme la femme, avec des lèvres embaumées, et les perles qu'on voit briller dans son calice ne mordent pas.

C'était donc, cet été dernier, à Gand, par la grande solennité fleurie que je viens de dire, et les amateurs de l'Europe entière y étaient, comme tous les ans, accourus. Mon ami Cadet-Bitard, qui a des prétentions à la botanique, n'avait eu garde de manquer à cet universel rendez-vous. Son culte pour les fleurs est empreint de la superstition qui est, avant tout, dans son esprit. Pour lui, celle-ci porte chance et celle-là malheur, et ce n'est jamais sans un frisson qu'il touche un bouquet. Païen, en même temps que mystique, le *Sonnet fan-*

tasque qui suit vous donnera une idée de ses méditations.

FEMME ET FLEUR

Caressé, non des vents moroses,
Mais d'un zéphyr toujours badin,
Ton derrière est un beau jardin
Dont je voudrais cueillir les roses.

Il fait honte, quand tu l'arroses
Du tub clair jaillissant soudain,
Aux fleurs du square citadin
Que flétrit l'aile des chloroses.

Bien que peigné, soigné, paré
Comme un vrai jardin de curé,
Sa flore à l'arome sauvage

Embaume, à travers les roseaux,
La source aux murmurantes eaux
Dont il est l'éclatant rivage.

Il l'avait dédié, dans sa pensée, à la charmante Lisbeth Van de Vesse, fille de l'éminent docteur Van de Vesse, ami de sa famille et dont il était l'hôte durant son court séjour à Gand.

II

On ne pouvait rien imaginer, en effet, — au moins, ceux que l'idéal blond satisfait et j'en sais qui sont grands poètes — de plus exquis que cette Lisbeth, et Paul Péter Rubens l'eût certainement, en son temps, choisie pour modèle. Les roses de sa chair avaient l'éclat nacré de ceux des coquillages et la fermeté adolescente de ses formes s'affirmait, à travers le vêtement, comme celles d'une belle statue sur laquelle la pudeur d'un imbécile aurait jeté un voile. Deux myosotis fleurissaient dans le passage d'or clair des cils. Ses lèvres avaient les rouges et humides fraîcheurs d'un ciel d'aurore et la neige des montagnes lointaines était moins blanche que ses dents. Beaucoup d'ingénuité vraie dans cette splendeur charnelle, un charme particulier que j'ai souvent rencontré là-bas. Et, dans le regard, cette pointe de rêverie qui évoque les calmes visions d'un bonheur tranquille et partagé dans quelque coin perdu du monde où chantent les oiseaux.

Oui, certes, Cadet-Bitard était épris de cette belle créature et pour le bon motif, s'il vous plait. Mieux que cela, pour le meilleur ! Celui qui ne vous mène pas sottement à la mairie, mais dans quelque lit clandestin, bien chaud où s'égrène, à deux, dans le recueillement des baisers volés, le chapelet béni des tendresses. Maintenant il eût fallu épouser mademoiselle Van de Vesse pour en venir là que Cadet-Bitard n'eût pas fait la sourde oreille. Quand on a essayé de tout pour posséder une fille dont on est amoureux, le mariage est une extrémité dont le divorce a sensiblement adouci les rigueurs. Mais Lisbeth était sage et avait un fiancé, le jeune docteur Van de Bitte à qui son père devait céder sa clientèle ; un petit pédant en qui Cadet avait tout de suite flairé un rival.

Force lui était, tout en soupirant à fendre un stère de bois, de se borner à boire les merveilleux bourgognes de son hôte, — car on ne boit qu'en Belgique d'authentiques Beaunes et d'authentiques Pommards, — sans avoir la joie reconnaissante de suborner sa fille.

Or il advint que ce soir-là, furieux de la cour assidue que faisait le prétendant autorisé à Lisbeth, et ne pouvant supporter plus longtemps ce spectacle déplaisant, notre amoureux quitta brusquement le salon, traversa, comme la foudre, en se coiffant à la hâte, le vestibule où il renversa un domestique dans un plateau de petits fours et de gaufres, — oh ! les merveilleuses gaufres qu'on fait là-bas ! — et sortit pour prendre l'air, ressource ordinaire des personnes désespérées. Il faisait un joli soir de juillet qui mettait son décor de gaîté sur la ville un peu triste. Le grand mouvement commerçant s'assoupissait, et la place était aux amants promenant sous les quinconces et parlant tout bas. La solitude de sa passion sans espoir n'en fut que plus amère à notre infortuné compatriote.

III

Une diversion que je ne saurais qualifier de providentielle changea le cours de ses pensées et lui vint d'où on l'attendait le moins. C'est plus bas que le cœur que quelque chose s'agitait en lui. Une bonne colique lui tortillait au ventre. Or, à Gand, ce genre d'accident n'a pas été prévu par la municipalité. Aucun chalet n'y rappelle la Suisse. En revanche, les règlements sont sévères et la propreté des rues est l'objet d'une surveillance passionnée. Celle de la rue Courte-des-Violettes, où se trouvait, à ce moment fâcheux, Cadet-Bitard, était pourtant relativement déserte. Ma foi, il prit son courage à deux mains, en même temps que les deux bords de la ceinture de son pantalon, et viola l'hospitalité gantoise de la façon la plus incongrue. Il rattachait ses bretelles quand un agent apparut, qui entra dans la rue et se dirigea de son côté. Cadet pensa qu'il fallait lui cacher, avant tout, le corps du délit et posa, avec précaution, son chapeau, le fond en l'air, sur l'holocauste coupable. Après quoi, il prit l'air indifférent d'un monsieur qui, ayant trop chaud, s'est découvert pour se reposer un instant, et, dans une pose de détachement complet des choses de ce monde, commença à rouler une cigarette entre ses doigts.

Mais l'agent, sans deviner la vérité le moins du monde, conçut un soupçon. Il s'imagina tout de suite qu'il avait affaire à un voleur qui venait de cacher ainsi l'objet de son dernier larcin. Cet homme, qui se nommait Hostequette, était la prudence même. Après avoir regardé de côté les épaules du délinquant imaginaire, il jugea qu'il n'était pas en force. En ayant l'air de continuer une promenade de santé, il alla quérir un camarade, l'agent Van de Pute, à l'autre bout de la rue. Tous deux se concertèrent et revinrent ensemble. Mais Cadet-Bitard, qui n'aimait pas les démêlés avec la maréchaussée, fila prestement par l'autre extrémité de la voie, abandonnant le fromage et sa cloche, ce qui confirma les pronostics, fâcheux pour sa renommée, des deux gardiens de la morale publique. Ceux-ci, qui étaient des gens très calmes et un peu ventrus, ne s'amusèrent pas à le poursuivre. Ils allèrent droit au chapeau mystérieux. Comme ils se méfiaient l'un de l'autre, comme dans toutes les polices du monde, aucun d'eux n'y osa toucher. Ils attendirent le passage du brigadier de ronde à qui ils exposèrent le cas. Celui-ci approuva leur courageuse réserve et émit l'opinion qu'il s'agissait peut-être d'une matière explosible et que la découverte ne saurait être faite avec trop de précautions. On alla quérir des artificiers à la caserne d'artillerie voisine. Ceux-ci vinrent sous le commandement d'un capitaine qui avait été immédiatement chez le général qui lui offrait, ce soir-là, à dîner. Le général vint avec toute sa famille. Les amies de ses filles se joignirent au cortège. Mais comme cette curiosité publique comportait de réels dangers, on ferma, par un cordon de garde civique, les deux côtés de la rue et ce fut devant les autorités seulement qu'il fut touché au redoutable obus. Encore une compagnie de pompiers, lances en main, se tenait à portée en cas de subit incendie.

Un bruit de rires ironiques furieux et des cris d'horreur saluèrent la mise au jour du formidable mystère.

— Deux délits distincts ! s'écria la magistrat Vandanus. Atteinte à la propreté publique, prévue par notre code municipal et outrage aux autorités que le drôle a eu certainement l'intention de mystifier. Mais comment reconnaître le coupable ? Les douilles de ce genre de cartouches n'ont pas de calibres dénonciateurs. Le modèle en est généralement tenu secret comme celui des cartouches de guerre !

— Ceci me regarde, fit le brigadier qui avait donné l'alarme. Et il regarda dans l'intérieur du chapeau dont la coiffe portait le nom du fabricant et trois initiales V. d. B.

— Sauvé ! fit-il, nous connaîtrons le criminel demain.

Et tout le monde se sépara sur ces paroles rassurantes, en commentant, ceux-ci gaîment, ceux-là tragiquement, ce curieux événement.

Pendant ce temps, Cadot-Bitard avait regagné la maison de son hôte et la première chose qu'il trouvait, à une patère du vestibule, c'était son chapeau.

— Comment, diable ! pensa-t-il, est-il revenu tout seul ici ? C'est égal, je le donnerai à un pauvre. — Et la paix qu'une idée charitable nous met toujours dans l'âme lui ferma les yeux.

IV

Le lendemain, dès l'aube, se remémorant les belles prouesses de la police française cherchant les provenances de la malle où l'ombre d'un huissier méditait sur l'inanité des protêts, le brigadier s'en fut chez le marchand qui avait vendu le chapeau incriminé. Celui-ci reconnut immédiatement celui qu'il avait livré au jeune docteur Van de Bitte deux jours auparavant, et que, dans son empressement à prendre l'air, cet animal de Cadet avait pris pour le sien dans le vestiaire de son hôte. Les initiales corroboraient la déposition du commerçant. Le jeune docteur Van de Ditte était certainement le coupable. Il reçut une immédiate assignation, et tout ce qu'il put dire, pour sa défense, ne fit qu'aggraver sa situation d'accusé. Le jugement n'est pas chose rendue, mais on le craint sévère, — un de ces jugements avec lesquels on fait des exemples. Tous les propriétaires de la rue Courte-des-Violettes ont exercé, de concert, une pression sur la justice pour obtenir une répression mémorable. Quant à mademoiselle Lisbeth, elle se contenta d'écrire à son ancien fiancé ce billet désespérant : « Monsieur, comme je vous demandais, un jour, ce que vous faisiez quand vous étiez loin de moi, vous m'avez galamment répondu que vous m'adressiez, de loin, toutes vos pensées. Maintenant que je les connais, je vous remercie du présent et vous prie de ne jamais remettre les pieds à la maison. »

Cadet-Bitard se frotte les mains. Mais il a tort. Mademoiselle Lisbeth est sage et ce n'est pas à lui que profitera la déconvenue du malheureux accusé.

ÉTRENNES

ÉTRENNES

I

— Et que me donnerez-vous pour mes étrennes, madame Mouillechat?

— Monsieur Mouillechat, je vous ai dit que je vous ferais une surprise. Si vous êtes trop curieux, vous n'aurez rien du tout.

— Chère Amarante !

— Mon petit Ignace !

Et les époux se fondirent en un gros baiser dont

la moitié seulement m'eût été agréable, celle qui tenait aux belles lèvres roses de madame Mouillechat.

Je me hâte de vous dire que le sieur Mouillechat était huissier. C'est pour rassurer les âmes sensibles, qui, s'attendrissant outre mesure sur la mise en bière insolite du sieur Gouffé, semblent croire que toute la corporation y a été encaissée avec lui et qu'elle va nous faire défaut, cette tant précieuse race des persécuteurs de ceux que Panurge appelait si benoîtement « les bons débiteurs et emprunteurs », et dont il faisait un si bel éloge.

Non ! non ! l'art divin du protêt et d'étaler sur un cahier de papier timbré la valeur d'un quatrain n'est pas mort. Notre Mouillechat, entre autres, en a gardé le secret. Mais, impitoyable dans l'exercice de son philanthropique ministère, c'est, chez lui, le plus jovial des époux.

L'harmonie touchante qui régnait entre les deux conjoints était pour faire l'admiration du quartier. Jamais un nuage, une gaîté continue dans les relations. Monsieur avait la sérénité particulière aux maris qui n'ont jamais douté de leur femme ; et madame, le contentement intérieur, et cependant visible au dehors, des femmes qui ont un amant dont elles sont parfaitement satisfaites. Car le mystère de cette félicité conjugale tant et si justement erronée était dans cet accord d'une confiance à toute épreuve et d'un courage sans reproche. Madame Mouillechat avait des principes et ne trompait jamais son mari qu'avec un seul godelureau à la fois. M. Mouillechat aussi avait les siens et, pour un empire, il ne fût condescendu jusqu'à surveiller sa femme. Comment deux êtres si sages n'eussent-ils pas été parfaitement heureux ?

C'est Cadet-Bitard qui tenait l'emploi cette année. Comment avait-il connu Amarante ? En omnibus, entre Clichy et l'Odéon. Ils s'étaient regardés place Moncey, avaient serré l'un contre l'autre leurs pieds à Notre-Dame-de-Lorette, s'étaient avoué qu'ils se plaisaient au Palais-Royal, et avaient conclu un rendez-vous place Saint-Sulpice. Les stations de ces véhicules populaires n'ont pas d'autre but sérieux que ces rapprochements entre les âmes sœurs. Pascal savait ce qu'il faisait en les inventant. Nulle entreprise n'a concouru davantage au développement de l'adultère. Elle offre la double garantie des rapports faciles et fréquents, puisqu'il part une voiture toutes les cinq minutes sur les lignes bien servies, et d'une économie parfaite, puisque les dames qui y montent sont généralement de goûts modestes. Il faut être simplement fou pour aller quérir ses maîtresses ailleurs. Particulièrement recommandable, cette ligne de Clichy-Odéon qui pratique l'échange entre deux quartiers où les filles aimables abondent : celui qui finit à Montmartre et celui qui commence aux Écoles.

Mouillechat ayant sa détestable officine à poursuites à côté de son appartement, on était convenu de se voir dans un de ces hôtels hospitaliers, où les faux ménages de quelques heures sont traités avec une considération intéressée, établissements essentiellement humanitaires où des familles de province ont la naïveté de descendre quelquefois. Mais le rêve était d'être un jour l'un à l'autre, dans ce bien-être du chez soi, qu'une femme peut goûter seulement dans sa propre chambre, et que rien ne remplace pour les amants ayant quelque ferveur. La crainte de se compromettre empêchait madame Mouillechat d'aller dans l'appartement de garçon de Cadet, et celui-ci ne pouvait venir chez elle pour la raison que j'ai dite. Enfin, le jour tant espéré — *hæc dies quam fecit Dominus*, comme dit l'Écriture, arriva. L'étude serait fermée la veille du Jour de l'An, et Mouillechat serait retenu toute la soirée à un banquet professionnel auquel un groupe d'huissiers, malins comme lui, consacraient annuellement une cagnotte religieusement faite du centième des frais indûment perçus depuis douze mois, et je vous jure que ça faisait une jolie somme!

II

Trois jours avant le jour béni, Cadet-Bitard qui faisait, sous un ciel brumeux enveloppant d'ombre les visages, dès quatre heures, une promenade discrète avec sa bonne amie, s'arrêta, avec elle, devant la vitrine d'un bijoutier du Marais. Les yeux de madame s'arrêtèrent complaisamment devant une paire de solitaires montés en boucles d'oreilles, et qui semblaient une magnifique occasion. Bitard n'est un cochon avec les dames que dans le meilleur sens du mot: — « Vous les aurez pour vos étrennes, Amarante, » fit-il. Et, comme la femme de l'huissier, ivre de reconnaissance, lui contait déjà comment elle ferait croire à son mari que ce superbe cadeau lui venait d'un héritage, il aperçut une paire de boutons de manchettes, à l'effigie de la tour Eiffel, si prodigieusement ridicules qu'il ne put s'empêcher d'en rire. — « J'ai envie de les acheter pour mon mari, s'écria la joyeuse Amarante. — Laissez-moi vous les offrir aussi pour lui, et vous les apporter en même temps, répondit Cadet d'une voix tendre : il me sera doux que vous pensiez à moi en les voyant à sa chemise. »

La délicatesse de cette attention arracha une larme à la sensible bourgeoise, et elle serra la main de Cadet, sous sa fourrure, en lui disant : « Tu es de ceux dont on peut tout accepter. Grand cœur, va ! »

Jamais compliment ne l'avait autant flatté, lui aussi se sentait les yeux humides. Ah ! que les cœurs simples ont de belles joies et que les sceptiques, les lutteurs pour l'existence, les schopenhaueriens et autres méchants fols de cette époque leur devraient envier !

Et qui donc, sans blasphémer des dieux inconnus, pourrait conspuer la vie tant que, par les chaudes soirées d'hiver, dans une chambre moite et imprégnée de grisantes odeurs, un vol de baisers descendant des rideaux comme des papillons qui se posent, les femmes des autres — voire les nôtres, au besoin — nous enfermeront dans la chaude caresse de leurs bras et nous feront prisonniers de leurs lèvres, délicieusement impudiques dans leur nudité savoureuse, les cheveux dénoués et traînant sur l'oreiller comme un filet inutile, — la pêche de notre cœur, palpitant comme un poisson sur l'herbe, étant finie?

III

Telle était la chambre où madame Mouillechat avait reçu son galant, en ce dernier jour mémorable de la dernière année, et tel était aussi son costume qui mérite bien un peu de description. A peine Cadet entré et les verrous tirés sur lui, — on avait fait coucher les domestique comme les poules, — elle avait procédé à sa toilettes et avait reparu vêtue exclusivement d'une paire de nénets bondissant comme deux jeunes chevreaux blancs et d'une idem de fesses redondantes, à ravir, comme pétries dans une neige rose. Ce que ce costume lui allait à la plantureuse huissière! Et comme une jeune chatte qui se pelotonne du dos, le velours des pattes en l'air, sur un coussin moelleux, elle avait attiré Cadet éperdu vers elle, dans la tiédeur délicieuse du lit grand ouvert.

Et les cadeaux? On y pensait bien! En entrant, il lui avait remis deux écrins pareils. — « Le tien, » avait-il dit avec passion. Et il avait ajouté en riant : « Le sien! » Elle avait mis le premier dans sa poche et posé l'autre sur la cheminée, sans seulement prendre le temps de regarder, tant elle mourait vraiment d'impatience amoureuse. Et lui aussi était comme fou d'un rajeunissement de sa tendresse où la magie du souvenir allait s'ajouter au charme des espérances. Il allait revivre tous les anciens baisers dans ce baiser plus doux! toutes les étreintes passées dans une étreinte plus libre, toutes les voluptés entrevues dans une volupté définitive et parfaite.

Et puis quelle sage façon de finir l'an et comme il n'en est pas d'autres! C'est toujours une mélancolie que cette pierre nouvelle détachée du temps que nous avons à vivre et c'est comme un glas qu'elle sonne à notre oreille, en tombant dans le gouffre insondable de l'éternité. Encore un printemps de moins à respirer, dans la fraîcheur naissante des faubourgs, un été de moins à savourer dans l'ombre parfumée des jardins; un automne dont l'or s'envole au caprice du vent qui passe. Il faut la musique divine des baisers pour étouffer cette clameur navrante des déclins, cette plainte toujours renaissante des adieux. Il faut la chaleur vivante des caresses éperdues pour rendre des battements au cœur qui se sent froid et désespéré. Toutes les philosophies du monde pour cet instinct qui pousse l'homme, à certaines heures suprêmement tristes, aux bras de l'amante qui, comme un Léthé bienfaisant, enfermeront sa détresse dans un flot d'oubli et de parfums.

Socrate et le divin Platon lui-même ne donnèrent jamais un exemple de sagesse comparable à celui qu'offrirent, aux siècles à venir, Cadet-Bitard et madame Mouillechat, dans cette mémorable circonstance. Ils chantèrent, à l'année défunte, un chœur d'adieux à quatre parties dont je ne vous dis que ça. Et des « allegros ! » et des « moderatos ! » et des « smorzendos ! » Ah ! mes enfants, le beau concert ! Tout battait la mesure dans leurs corps furieusement enlacés. Va ! bois ! mange ! goberge-toi aux frais de la cagnotte mal acquise, fâcheux Mouillechat, parmi tes co-tortionnaires légaux en ribote : ce qu'on fait chez toi, en ton absence, vaut joliment mieux que les faux Pommards et que le godiveau truffé. Empiffre ton sac à protêts, terreur des bons petits enfants qui ont oublié de payer leurs dettes. Mon vieil ami Cadet-Bitard est en train de se tailler de rudes pourpoints dans l'étoffe de ton honneur.

Tout finit — même un roman de M. de Montépin. Il se fallut quitter, après un redoublement de caresses. Il allait être minuit. L'huissier allait revenir. Il y avait bien quelque désordre à réparer dans la chambre. Mais quel échange d'âmes reconnaissantes dans ce dernier baiser !

IV

Quand M. Mouillechat rentra, sa femme ne manqua pas de lui reprocher de venir trop tard et d'être gris comme l'âne de Danton. (Laissons un peu tranquille l'innocente bourrique à Robespierre.) On se souhaita la bonne année néanmoins au dernier coup de l'heure.

— Et ma surprise ?

— Tenez, ivrogne, fit madame Mouillechat, en tendant à son mari l'écrin demeuré sur la cheminée.

Et, comme il alla l'ouvrir :

— Allez le regarder chez vous, fit-elle, — ayant encore à faire disparaître quelques traces du séjour de Cadet — et ne rentrez ici que quand vous serez dans un plus présentable état.

Très ahuri par la longueur du repas, Mouillechat obéit, l'air à la fois reconnaissant et penaud.

Un instant après, ses précautions prises, elle fouillait dans sa poche pour jeter un coup d'œil sur les solitaires, tout en méditant la fable à conter à son époux. Mais ce fut un cri qu'elle jeta, un cri d'effroi aussitôt réprimé. C'est les boutons ridicules de son mari qu'elle avait dans les mains ! Ce sacré distrait de Cadet-Bitard s'était trompé dans l'ordre des objets qu'il lui avait remis. Mais alors l'écrin qu'elle venait de confier à l'huissier contenait...

Elle n'eut ni le temps ni la peine de parfaire son doute. M. Mouillechat était déjà devant elle, solennel comme la statue du commandeur, subitement dégrisé et pâle comme un cierge. Il tenait à la main l'écrin refermé.

— Lisez, madame, fit-il d'une voix qui semblait sortir d'un sépulcre. Ceci était là-dedans.

Et il lui tendit un papier parfumé replié en quatre très galamment.

En femme avisée, madame Mouillechat se dit qu'il ne fallait rien précipiter avant d'avoir lu et que le temps de la lecture pouvait être utilement consacré, par elle, à la composition de quelque beau mensonge justificateur, comme les femmes en ont toujours derrière les fagots fleuris de leur esprit. Avec un grand sérieux, et une dignité contenue par un sentiment visible d'offensée, elle prit donc connaissance du sonnet — une nouvelle page des *Sonnets fantasques* — que cet imbécile de Cadet avait ingénieusement enroulé autour des diamants et que voici :

BONNE ANNÉE

De l'An au gouffre descendu
Pour qui déjà l'oubli s'apprête,
O ma chère âme, je regrette
Que le temps sans aimer perdu.

Nous n'avons pas assez vécu,
Mangeant notre bien miette à miette.
Votre époux? Mais je m'inquiète...
Qu'il ne se trouve assez cocu.

L'An qui vient, ma colombe blanche,
Il nous faut prendre une revanche
A lui faire péter le front ;

Et, parmi ses *tempes* arides,
Edifier des Pyramides,
Dont quarante siècles riront !

Décidément, nier était impossible. Rien de moins ambigu. Un toupet soudain germa sous le front de marbre à peine rose de madame Mouillechat.

— Eh bien ! dit-elle du ton le plus calme à son mari. Ne vous avais-je pas promis une surprise ?

— Madame !

Et comme il le prenait sur un ton menaçant, elle reprit sur un accent d'autorité qui ne souffrait pas de réplique :

— Je vous jure, monsieur, que j'appartiens à une des plus anciennes familles de cocus de la Normandie, et que jamais je n'en ai vu un aussi surpris que vous !

L'IMPIE CHATIÉ

L'IMPIE CHATIÉ

I

Il a paru que les femmes ne cherchaient, le plus souvent, dans la mode, qu'une sacrilège occasion de protester contre l'immortelle nature et d'anéantir quelqu'un de leurs charmes naturels. Je ne parle pas des pauvres sottes qui, de brunes que les avaient faites les dieux, se métamorphosent en blondes, oubliant que la première condition plastique de la beauté, chez l'être qui s'est chargé d'en perpétuer l'image à travers les temps, est dans une harmonie nécessaire des tons de la peau, de la chevelure et des yeux. Attenter à cette relation est simplement un acte de barbarie comparable à celui d'un paysagiste qui ferait les arbres bleus, en laissant aux autres éléments de son décor leurs couleurs réelles. Un des caprices séculaires de ces dames a été de se faire successivement remonter les hanches jusque sous les aisselles, comme on les voyait sous le Directoire, puis de les abaisser au niveau de la naissance des cuisses, comme on en voit encore aujourd'hui de celles qui croient que la taille doit commencer au-dessous du niveau du nombril, ce qui révolte les traditions permanentes de la statuaire antique.

L'année qui finit a donné le jour à une autre fantaisie. Quelques élégantes ont décidé que la callipygie, tant chantée des poètes, avait fait son temps et que ce n'était au fond qu'une infirmité. Froidement elles se sont évertuées à se faire diminuer les fesses et leur idéal est de ressembler, par le derrière, à de petits garçons comme d'autres s'y efforcent en portant les cheveux à la gamin. Leur guide médical, dans ce travail impie, est le vieux docteur Laminette, dont le cabinet, sis rue Labruyère, à l'entresol, coquettement arrangé pour ce genre délicat de consultations, donne sur un petit coin de jardin par une étroite fenêtre que clôt un symbolique vitrail et devant laquelle est posée, au ras des rideaux, quand ils sont fermés, la table de l'illustre praticien. Celui-ci en est à sa dixième pommade pour serrer a peau sur la chair emprisonnée, à sa vingtième lotion astringente imposant au muscle un retrait qui l'aplanit. Et les massages ! et les clystères qui attirent tout au dedans ! Il se multiplie dans les désobligeantes inventions qui ne nous laisseraient plus rien à nous mettre sous la main, si ses doctrines perfides prenaient le dessus. Il a composé des livres avec des méthodes et des hygiènes pour arriver à ce joli résultat de consoler les manchots au détriment de ceux qui ne le sont pas.

Comme beaucoup de ses confrères, d'ailleurs, ce sacré Laminette n'use pas, personnellement et chez lui, de sa propre drogue. Par une ironie du destin, il a une femme, de trente ans plus jeune que lui, et merveilleusement douée, pétardement parlant. Aussi ne la montre-t-il pas, pareil, en cela, aux coiffeurs qui ne veulent pas, chez eux, de garçons chauves, vendant des onguents qui font repousser les cheveux. Madame Laminette, que vous aimez déjà, j'en suis sûr, vivait donc très enfermée, et ce régime d'intérieur forcé ne faisait qu'accroître cet aimable embonpoint postérieur qui la faisait semblable aux favorites des Turcs à qui il faut une barre fixe ou les mains complaisantes d'un eunuque pour se relever, une fois assises sur leurs moelleux tapis.

N'avait-elle aucune consolation à cette existence cloîtrée ? Et faire cocu notre petit mari ! Ce bien a-t-il été inventé pour autre chose ? Notre Cadet-Bitard n'était-il pas là, toujours prêt à ce genre de revanche conjugale, providence des épouses injustement délaissées, cheville ouvrière de bien des ménages qui auraient été fort mal sans lui ? Il avait vu, un jour, la prisonnière à sa croisée. Huit jours après, il était en droit de lui adresser ce sonnet que les lecteurs curieux retrouveront dans l'édition princeps de ses *Sonnets fantasques* :

J'aime les femmes sédentaires
Assises tout le long du jour,
Plus massives, en leur contour,
Que les pivoines des parterres.

Pas friponnes, plutôt austères,
Mais se laissant faire la cour,
Et solennelles en amour
Comme les femmes des notaires.

Par le manque de mouvement
Se développe énormément
Ce qu'elles posent sur leur siège ;

Et le joufflu que j'aime tant
S'enfle si fort que, par instant,
Je crains d'en voir péter la neige.

A cette gracieuse image, l'excellente madame Laminette avait souri.

— Ah ! marquis, il n'y a que vous pour conter de telles douceurs ! avait-elle dit à Cadet-Bitard, qui s'était donné dans la maison pour un Montmorency.

II

Oui, excellente ! Il n'est pas certain que le jugement des femmes soit assis sous leur front et ce joli écrin de marbre paraît plutôt occupé par quelque vapeur malicieuse. Mais on ne saurait douter que leur bonté ait pour siège ce précieux fondement dont je fais si grand cas. D'abord, c'est en nous l'offrant qu'elles en témoignent. Mais la remarque est passée, chez moi, à l'état d'axiome. Autant que des lèvres minces, méfiez-vous des derrières insuffisants. Regardez comment votre voisine occupe son fauteuil à l'Odéon avant de lui proposer de la reconduire chez elle, comme cela se fait plus souvent qu'ailleurs, au second Théâtre-Français, à cause des spectacles moraux qu'on y donne et qui inspirent à tout le monde l'idée de faire un peu la noce après. Si elle flotte, comme un fétu de paille, sur le velours, craignez d'elle une humeur atrabilaire et des sentiments intéressés qui vous feront passer une mauvaise nuit. Si, au contraire, elle déborde, de façon à aplatir ses proches, confiez-lui ce peu de votre âme qu'il fait si bon dépenser en amours légères et sans lendemain !

Oui, excellente, exquise, cette madame Laminette, dans sa généreuse obésité. Cadet-Bitard et elle passaient de bien doux moments quand le docteur, sa consultation finie, allait, vers cinq heures, faire sa promenade à cheval au Bois. Car ce vieux roquentin avait gardé des traditions de beau d'antan. On était en été et le petit jardinet que j'ai dit, obscur comme le dessous d'une tonnelle, était traversé d'un parfum de géraniums poussant seuls dans cette ombre, de géraniums et d'hortensias arrosés chaque jour par madame Laminette. Nos amoureux s'installaient, tout simplement, dans le cabinet de consultation du docteur, très confortablement meublé pour leurs expériences particulières — un divan moelleux, et même des fauteuils spéciaux à bascule se prêtant à d'innocentes fantaisies, la variété étant bonne en toutes choses. Quelquefois le fauteuil se démantibulait et alors c'étaient des éclats de rire ! Passion douce que la leur et sans tragédie. Ils s'aimaient à la bonne enfant, — la vraie façon pour les sages, — et ne demandaient pas à un fugitif plaisir le secret d'un bonheur éternel. Leur tendresse était exquisement rigolarde. Ils se mettaient tout nus comme de petits vers, après avoir fermé les rideaux sur l'étroite croisée ouverte, de façon à n'être pas vus et à savourer, en même temps que la tiédeur de l'atmosphère, les aromes des parterres fleuris. Laminette avait inventé un appareil pour mesurer géométriquement les derrières et ce leur était une nouvelle source de gaîté. Ou bien ils parcouraient, entre deux baisers, ses registres de notes et y trouvaient, en chiffres marqués, la pointure d'un tas de dames qui avaient passé au fessomètre. O joies innocentes de l'adultère, pourquoi un ange gardien ne veille-t-il pas toujours sur vous !

III

Bon ! Laminette qui rentre une heure avant celle où il était attendu et qui monte droit à son cabinet. Qu'est-ce qui le ramenait si inopinément ? Son cheval boitait-il ou une préoccupation technique lui avait-elle donné un besoin immédiat de recueillement ou de solitude ? La suite prouvera que cette hypothèse est la plus vraisemblable. Quelle terreur pour les amants surpris ! Impossible de s'élancer par la porte sans se trouver nez à nez avec le docteur, dont on reconnait les pas dans l'escalier. Bah ! on est à l'entresol et un entresol très bas ! Gaillardement, ses effets sous le bras, Cadet-Bitard saute dans le jardin, où l'épaisseur opaque du feuillage protégera sa retraite. Madame Laminette, après avoir poussé ses jupes et sa chemise sous le divan, veut prendre le même chemin. Mais va te faire fiche ! L'huis était, comme je l'ai dit, fort exigu de largeur. Le glorieux pétard de la dame s'y engage bien, mais il y demeure emprisonné dans le châssis du vitrail, si bien qu'elle était suspendue là, à croupetons, comme dit Rabelais, ne pouvant jaillir au dehors, dans l'impossibilité de rétrograder sous peine de se trouver face à cul avec son mari qui venait d'entrer, le derrière presque posé sur la table, la surplombant, du moins, derrière les rideaux, qui fort heureusement étaient retombés. Quelle situation critique et imméritée, mes amis !

Sans rien voir de l'aimable saillie que faisaient les rideaux, tant il était absorbé dans sa méditation, le vieux Lam' tte s'assit à sa table, juste sous le feu de l'invisiule ennemi braqué sous les tissus, un peu au-dessus de son nez. Comme il faisait toujours quand il était véhémentement préoccupé, il prit sa tabatière, la posa devant lui, ouverte toute grande, reniflant à distance son petun, les deux mains ramenées sous le front que soutenaient ses coudes. Et il sembla se mettre à rêver. Il prenait bien son moment ! Durant ce temps, sa pauvre femme était au martyre. Le châssis lui entamait les graisses latérales, et cette pression, exercée sur le plus copieux de sa personne, arrêtait net une digestion de friandises qu'elle avait gobichonnées avec le doux Cadet, pour se mieux mettre en appétit d'amour. Les cerises glacées commencèrent la traîtrise générale. Ce fut bientôt une insurrection dans les flancs de la malheureuse. Une extraordinaire loquacité qu'elle comprimait lui vint aux lèvres que vous devinez. Si elle parlait, elle était perdue. *Quos vult perdere Jupiter*... Pan! un souffle formidablement harmonieux traversa la fente des rideaux et, violent comme une trombe, se vint bouter dans la tabatière dont il fit voler la poussière olfactive. Celle-ci s'en fut droit aux yeux du docteur, qui, aveuglé, horriblement picoté, se mit à hurler comme un putois, tout en éternuant comme une paire de cymbales. Pendant qu'il se roulait sur le tapis, dans cette cécité douloureuse et passagère, madame Laminette put enfin effectuer sa retraite, reprendre ses vêtements et se sauver par la porte, sans que le malheureux comprît rien à l'agitation qui se faisait autour de lui.

Quand, les prunelles ensanglantées, il recouvra enfin la vue, tout était rentré dans l'ordre et nos amants étaient sûrs de l'impunité. Ainsi le blasphème de ce vieux pendard, à l'endroit des femmes dodues du fessier, était châtié et était vengée Vénus Callipyge, éternelle déesse des mondes !

FINE REPARTIE

FINE REPARTIE

I

J'adore fumer une cigarette en wagon, mais je hais le compartiment des fumeurs. Rien de plus lamentable, surtout pour un voyage d'une certaine longueur, que ce décor de messieurs sans façons, exhalant, avec de ridicules grimaces de bien-être, des vapeurs décolorées. Car vous avez remarqué, comme moi, que l'haleine humaine dénature le joli filet d'azur qui monte des pointes de braise de la pipe ou du cigare et lui ôte toute rêverie et tout caprice. Et puis, rester des heures sans voir un visage de femme, quel supplice! Toutes ces inconnues qui ne vous sont rien et qui se pelotonnent, comme des chattes frileuses, dans les coins en vous lançant de mauvais regards, n'en sont pas moins, pour les yeux, une distraction et une poésie. Et puis l'*odor di femina* qui, subtile, vous induit en imaginations voluptueuses. La nuit, surtout, quand le train file en sens inverse du paysage qui semble courir aussi, sous les rayons dont la lune baigne ces mystérieuses compagnes dont la lassitude a dénoué les mains et les cheveux. Le sommeil de la femme est ce que je sais de plus délicieux au monde. Son rythme est celui d'une mer calme dont chaque vague est une caresse. Et de quel mystère elle demeure enveloppée, non pas seulement pour la jalousie de l'amoureux, mais aussi pour la simple curiosité de l'indifférent ! Qu'enferme, avec la douceur éteinte du regard, la paupière qui s'est close comme un volubilis? Et, sous ce front, le plus souvent sans pensée durant le jour, marbre vivant où rien ne rêve, quel monde s'éveille d'obscures tendresses et de vœux désespérés vers un infini sans nom? Oh! ces dormeuses des longs trajets, dans le demi-déshabillé où leur chair se repose, que de fois j'ai interrogé, comme des sphinx, leur image immobile! Et puis c'est un roman qui vous vient à l'esprit. Il vous semble qu'on est parti avec elles et qu'elles vous feront oublier, dans un ciel meilleur, les cruautés des autres maîtresses. J'ai imaginé souvent que je faisais mon voyage de noces avec une de ces créatures exquisement assoupies et dont je ne savais même pas le nom. Nous allions arriver ensemble dans quelque hôtellerie où nous effeuillerions l'oranger. Je n'omettais aucun des détails exquis de cette suprême toilette où les vêtements tombent un à un sur le parquet. Voici ma charmante épousée en chemise et je couvre de baisers fous ses pieds nus. On les devine merveilleux, hors de leur bottine déjà à demi déboutonnée et qui s'échappe des jupes, dans la nonchalance de la pose, les petits pieds de ma voisine. Ou bien j'ai enlevé, d'un vieux château où elle dépérissait d'ennui, une belle au bois dormant et nous allons mener, tous les deux, la vie joyeuse à Toulouse, où l'âme de Clémence Isaure passe encore dans les chansons. Non ! non ! le plaisir de griller un peu de tabac entre ses doigts ne vaut pas le sacrifice de toutes les folies aimables que la présence d'une seule femme, dans la longue et ennuyeuse voiture qui vous emporte, vous met au cerveau.

L'idéal du voyage est donc, pour moi, dans un compartiment où une dame de bonne volonté et d'avenante figure vous autorise, sans en être sollicitée, à consumer, devant elle, un léger rouleau de *petun*, nom sous lequel le tabac est encore connu dans le dictionnaire de l'Académie.

C'est aussi celui de mon fidèle ami Cadet-Bitard.

II

Cette fois-là cependant, mais la mort dans l'âme, il était monté dans le compartiment maudit des culotteurs de pipes. Oh! le vilain parfum qui s'en exhale et s'attache aux draperies enfumées! Mais Cadet-Bitard, un garçon pratique sous ses fantaisies de rêveur, craignait qu'il ne lui arrivât en chemin quelque accident ridicule et redoutait avant tout qu'une dame en pût être témoin. Au sortir d'un dîner où des Toulousains, comme lui, s'étaient consolés d'être les compatriotes de Gailhard en mangeant un voluptueux cassoulet, il se sentait gonflé comme une outre, et gros de tempête comme un ciel automnal, quand une vapeur d'ardoise emplit la nue d'une redoutable mélancolie. L'éloquence de vingt avocats était dans ses flancs et il n'était pas sûr d'avoir le courage de se taire. Il était pareil à ces ballons légers que fait éclater l'approche d'une lumière. Plus il s'interrogeait, *in petto*, moins il se sentait en possession du *quos ego* qui fait rentrer dans leurs antres virgiliens les fils décriés du vieil Eole. Mille propos bavards lui venaient aux lèvres dont la chemise est le mouchoir naturel. La société des hommes seuls convient à ravir à cette humeur expansive. D'un regard narquois, mais désespéré, Cadet-Bitard guignait ses compagnons ignorants du péril qu'ils allaient courir. Oui, d'un regard qui semblait dire : « Attendez un peu que le train soit en marche, et que le bruit des roues me rende ma liberté! » Les inconscients, eux, le regardaient d'un air bébête, en bourrant leur bouffarde ou en coupant le bout de leur londrès. Le wagon allait s'ébranler, avec un fracas de chaînes qui se tendent. Bon! une jeune dame, et charmante, ma foi! franchit, légère comme un oiseau, le lourd marchepied. Et sur l'observation qui lui est faite qu'elle entre dans le compartiment réservé aux fumeurs, elle répond qu'elle l'aime encore mieux que celui des dames seules et que la fumée ne l'incommode pas. La première pensée de Cadet-Bitard avait été de lui offrir une place en lui proposant d'aller prendre la sienne dans le compartiment dont elle n'avait pas voulu. Seul homme dans un compartiment de dames! Mais la réflexion lui vint que l'administration ne se prêterait pas à cet échange, et cette remarque ancienne aussi que c'était presque toujours les plus laides créatures du monde qui occupaient ce féminin Paradis. Il n'y a, en effet, que les femmes qui sentent bien qu'elles n'ont aucun danger à courir, au point de vue de leur vertu, pour tenter de faire croire qu'elles ne se peuvent trouver, sans péril, dans notre compagnie. Elles espèrent qu'on se dira en les voyant nous fuir : « Voilà une petite malheureuse dont on a dû vouloir prendre le derrière bien souvent! » Aussi, quand vous en voyez quelqu'une se débattre à la portière pour tourner le bouton et pouvoir descendre de wagon, faites comme Cadet-Bitard et moi. Gardez-vous de venir à son aide et souhaitez qu'elle demeure toujours emprisonnée dans cette boîte. Car ce serait un bienfait immense pour la société que les femmes laides fussent tenues en vases clos.

Mais j'ai dit que la nouvelle venue était charmante. Ce fut même la raison dominante, pour Cadet-Bitard, de ne pas émigrer. Il était déjà sous le charme. Ah ! tant pis ! Il se contiendrait comme il le pourrait ; il imposerait silence au tumulte de son âme ; il éclaterait peut-être à la peine, mais à la façon glorieuse d'un obus libérateur. Comme Jean Bart avait voulu le faire, il sauterait avec son bâtiment plutôt que de se rendre à l'ennemi tyrannique et incongru dont il se sentait dominé. *Vade retro Satanas!* dirait-il aux impatients qui se pressaient à l'huis naturel de sa propre personne... Il mourrait martyr. Mais il est doux de mourir pour la beauté !... A moins cependant que cette tant gracieuse personne qui avait déjà autorisé, devant elle, l'usage du tabac, ne poussât la mansuétude plus loin et ne l'engageât, elle-même, à ne se pas faire tant de mal. Mais ce : *Sésame, ouvre-toi!* d'où dépendait peut-être sa vie, il était résolu de se soustraire à la honte de le solliciter. L'instinct divinateur de la femme est si grand et les Grecs avaient si bien raison de lui attribuer les dons sacrés de la Pythonisse ! Peut-être celle-ci, mystérieusement instruite, et sans qu'il eût parlé de son tourment, viendrait-elle au-devant de son désir et lui montrerait-elle, elle-même, le chemin de la délivrance !

En attendant, le cassoulet, qui n'entendait rien à ces subtilités galantes, se révoltait de plus en plus et s'exaspérait dans la captivité.

III

Tout en jetant des yeux mourants vers la belle inconnue et en tortillant fiévreusement une cigarette entre ses lèvres, il se sentait souffrir davantage du mouvement du train en marche et se demandait si, à défaut de la pitié de cette dame, Dieu lui donnerait le courage de l'épreuve jusqu'au bout. D'Elle ou du ciel seulement, comme les croisés ayant emporté en Palestine le souvenir de leurs belles, il attendait le salut. Ce fut d'Elle qu'il lui vint. Car, dans le désordre d'esprit où il était, ayant commis la maladresse de pousser toute la fumée qu'il exhalait, après une aspiration de tabac furieuse, juste sous le nez de la dame, celle-ci se contenta de lui dire de l'air le plus gracieux : « Je vous en prie, monsieur, soufflez de l'autre côté. » Ah ! mon Cadet-Bitard, qui feignit de comprendre autrement la chose, ne se le fit pas dire deux fois. C'est de l'autre côté qu'il souffla et à assourdir tous ses voisins, la malechance ayant voulu que l'arrivée à une station interrompît le bruit du train. Tous le regardèrent avec des indignations à la fois inquiétantes et comiques. Plus spirituelle, la belle inconnue se mit à rire aux larmes. Puis, comme Cadet-Bitard, soulagé mais confus, s'humiliait en excuses folles à ses pieds :

— Monsieur Cadet-Bitard, lui dit-elle de sa voix la plus caressante, — car je vous connais, mon ami Armand Silvestre vous ayant, un jour, présenté à moi, mais je n'étais pas aussi dodue que maintenant et vous ne m'avez même pas regardée — vous n'avez qu'une façon digne d'un poète de me dédommager de votre double distraction. N'avez-vous pas un de vos *Sonnets fantasques* à me dire ?

— Si fait, madame, répondit avec empressement Cadet-Bitard, et un que j'ai composé à l'instant pour vous-même, si toutefois vous vous appelez Rose de votre petit nom, comme il me semble maitenant m'en souvenir.

— En effet, Rose de Montmirail.

— Mais je vous demande encore une fois pardon pour le mot par lequel il commence et qu'on ne trouve guère que dans des écrivains mal élevés comme Rabelais et Voltaire.

— Faites donc : vous avez vu que je ne suis pas bégueule.

Alors, avec une onction infinie, Cadet-Bitard parla ainsi dans la langue des dieux bons enfants :

LA TIRELIRE

Si mon cul était de santal,
Ou simplement en bois de rose,
A vos pieds je le mettrais, Rose,
Comme un coffret monumental

Plein, jusqu'au bord, du vil métal
Par quoi s'achète toute chose,
Tirelire à la porte close,
Présent à la vertu fatal.

Trop curieux, pour votre perte,
Sur sa fente à peine entr'ouverte
Votre regard se fixerait

Et, tout doucement, ma colombe,
Dans un soupir d'argent qui tombe,
Je murmurerais son secret!

— Ah! Cadet-Bitard! s'écria la dame doucement ravie, quel succès vous auriez eu à l'hôtel de Rambouillet!

UN DÉBUT

UN DÉBUT

I

— Eh! quoi! vraiment, vraiment, Herminie, vous aimez tant que cela le théâtre?

Et Cadet-Bitard, à genoux devant mademoiselle Herminie Pivoine, lui disait cela avec un accent de doux reproche dans la voix. Et, comme elle avait fait un signe d'assentiment manifeste, en inclinant son joli menton, poli comme une agate, sur la rondeur envahissante et jumelle de ses soins, il poursuivit :

— Peut-on comparer cependant l'atmosphère lourde des salles de spectacle aux parfums discrets que votre chambre respire, ma chère âme, les dangers d'incendie qu'on y court à la sécurité voluptueuse que nous goûtons ici, et la banalite écœurante des pièces qu'on y joue à l'amoureuse pièce — tragédie ou comédie, à votre gré, et en autant d'actes qu'il vous plaît — que nous interprétons là, sans autre public que nous-mêmes ?

— Tout ce que vous voudrez, mon doux Cadet, et je suis prête à vous donner la réplique, incontinent, — j'espère, au moins, que vous l'êtes, — dans l'aimable ouvrage dont vous parlez. Mais rien ne remplacera jamais, pour mon imagination de femme, ces beaux amoureux en costume qu'on ne voit que sur les planches, ces héros du drame ou de l'opéra qui sont mis comme les seigneurs d'autrefois et parlent d'amour avec de si mélodieux hoquets. Vous non plus, mon cher, vous ne comparerez pas au pourpoint de velours du gentilhomme, voire à l'armure étincelante des officiers de miquelets, votre redingote et votre pantalon.

— Je suis prêt à les ôter, Herminie !

— Tout à l'heure, impatient Cadet.

Et, lui prenant, entre ses mains d'ivoire transparent veiné d'azur pâle, la tête qu'il allongeait vers un baiser, avec une conviction émouvante, elle continua :

— Certes, je t'adore ; mais ce serait une folie, chez moi, si tu étais le Raoul des *Huguenots* ou le Buridan de la *Tour de Nesle*. Je n'ai jamais été mariée, Cadet, mais je serais capable de quitter mon mari pour l'amant qui m'apparaîtrait dans cette apothéose de musique ou de poésie. Dis, mon chéri, nous irons demain à l'Opéra. On y chante une pièce nouvelle : *Lucie de Lammermoor*, qui nous vient de Montauban comme *Sigurd* de Bruxelles. Tu me loueras un fauteuil d'amphithéâtre et tu t'installeras à l'orchestre pour ne pas faire jaser les méchants. On parle beaucoup du jeune ténor Bricoulant qui débute. Ce sera une soirée admirable, comme on n'en trouve plus que là maintenant, ou à la Scala du boulevard de Strasbourg.

— Il sera fait suivant votre volonté, ma reine! répliqua Cadet-Bitard sur un ton de jeune premier qui veut plaire. On m'a, en effet, entretenu de ce Bricoulant qui sort du Conservatoire dernièrement et à qui MM. Ritt et Gailhard, toujours audacieux et protecteurs de l'enfance, ont fait un engagement superbe : huit cents francs par an pendant trois ans, un habillement complet à la Belle Jardinière par saison, et un abonnement bimensuel à la Samaritaine. En admettant qu'ils rattrapent, de tout cela, un tiers en amendes, ce qui est de principe, voilà un heureux drôle qui ne saurait manquer de faire de son mieux pour justifier des prodigalités pareilles. Nous irons l'entendre, ce Bricoulant accablé d'appointements et de bienfaits, ma mignonne. Je vous montrerai tous les membres de la commission du budget qui n'en manquent pas une, de ces glorieuses fêtes-là. Mais, en attendant, s'il vous plaît, chère adorée, jouons la petite pièce. Les trois coups sont pour dans un moment. Levons toujours le rideau.

Et ce que leva ce polisson de Cadet-Bitard ressemblait infiniment plus à une fine chemise de batiste qu'aux lourdes draperies dont Rubé ou Chaperon ont enluminé la sombre pourpre d'or clair.

Mademoiselle Herminie Pivoine était ce qu'on appelle, au théâtre, un ouvrage bien charpenté. Son exposition était claire comme une jatte de lait sur laquelle courraient des pétales de roses. Sa situation principale était pleine de fondement et le dénouement qu'elle offrait — car il faut bien que les plus belles pièces se terminent — aussi logique qu'impatiemment attendu. Aucune longueur, si ce n'est toutefois dans les cuisses, qui étaient d'un noble dessin suivant le modèle des Dianes antiques. Oh! comme Cadet-Bitard avait raison de préférer ce genre de théâtre à l'autre! Un théâtre où la répétition des mêmes effets est un mérite, où piétiner sur place est fort agréable et qui se termine toujours et moralement par quelque chose ressemblant infiniment plus au mariage que les éternelles fiançailles entre cousins et cousines que M. Scribe a prodiguées!

II

Le lendemain, fidèle à sa promesse, Cadet-Bitard était assis, à l'heure de la représentation de *Lucie de Lammermoor*, dans un fauteuil d'orchestre, durant qu'à l'étage au-dessus, et pareille à une des fleurs d'un immense éventail renversé, l'opulente

Herminie souriait entre deux Himalayas naturels et nacrés qui lui jaillissaient du corsage. Les bandeaux sombres de ses magnifiques cheveux noirs semblaient les ailes entr'ouvertes d'un héroïque corbeau qui se serait abattu sur ce double pic de neige et ses yeux clairs luisaient comme des sources ouvertes au flanc de cet amoncellement de blancheurs. L'orchestre avait déjà flonflonné ferme quand Bricoulant fit son entrée, et Herminie le trouva tout de suite superbe, au point que ses lèvres en étaient devenues luisantes comme des cerises que la pluie a mouillées, et qu'elle le buvait du regard, comme un rayon de miel hymétéen. Il ne serait pas impossible que l'adolescent eût subi, à distance, et par un phénomène de suggestion, l'attirance dont il était l'objet et que ses moyens naturels en eussent pris une autre direction. Mais le *vox faucibus hæsit* du poète latin se réalisa pour lui. Il ânonna, zézaya, bafouilla, éternua et finalement se retira sans avoir pu achever son air d'entrée, ce qui était bien dommage vraiment. La toile fut baissée, mais un mot d'ordre, immédiatement répandu dans les couloirs, enjoignit au public de demeurer à ses places. En même temps, tracés en l'air comme le mystérieux *Mané*, *Thécel*, *Pharès* babylonien, des caractères de feu s'allumaient dans l'espace où il était écrit : « Plutôt mourir que rendre l'argent ! » fière devise de l'antique maison Ritt et Gailhard, et cri de guerre, aux croisades, de cette chevaleresque lignée !

A ce moment, Cadet-Bitard, qui s'était retourné, pour jouir au moins de l'appétissante vue d'Herminie, se sentit l'épaule touchée par une main gantée de blanc. Un monsieur tout en noir, cravaté de blanc, n'ayant que la moustache et portant avec une aisance pleine de dignité

Le dynastique honneur du grand nom des Coleuilles,

lui demandait, sur un ton infiniment poli :

— N'avez-vous pas chanté quelque chose, monsieur, il y a une quinzaine, dans un concert de bienfaisance privé, à Montmartre, en faveur des inondés du Mont-Valérien?

— Si fait, monsieur, entre amis, fit Cadet-Bitard interloqué.

— Une chanson comique : *Ça m'gratt' sous l'pied*, n'est-ce pas?

— C'est exact.

— M. Ritt, qui était là, ayant obtenu un billet de faveur, vous a entendu et a trouvé votre voix charmante.

— Vous me flattez.

— Non! non! pas du tout. Vous voyez ce qui vient de nous arriver. Plus possible de compter sur rien avec les artistes! Il n'y a plus que les amateurs de sérieux. Ne sauriez-vous pas le rôle d'Edgar dans *Lucie?*

— Quelques airs seulement, et à peu près.

— Ça suffit. Ça n'est pas d'ailleurs plus difficile que votre *Ça m'gratt' sous l'pied*, que vous avez enlevé avec tant de brio! Ah! monsieur, sauvez-nous! C'est M. Ritt, plein d'angoisses, qui m'envoie vers vous. Vous ne voudriez pas faire mourir un vieillard si entamé déjà par le temps! à peu près aveugle! tout à fait sourd! Ayez un peu de pitié, mon bon monsieur!

Et l'excellent Colcuille pleurait à fendre le plastron de sa chemise, constellé de trois boutons d'or.

— Pardon, monsieur, fit cet excellent Cadet-Bitard, ému malgré lui, mais j'ai une situation dans le monde et je ne tire pas parti d'une voix d'ailleurs agréable...

— Rassurez-vous, monsieur, on ne vous paiera pas. C'est ce que M. Ritt, en remettant son porte-monnaie dans sa poche, m'avait également chargé de vous dire, pour sauvegarder votre délicatesse et vaincre vos derniers scrupules.

Cadet-Bitard regarda Herminie. Elle était éblouissante de beauté. Une tentation soudaine et tyrannique lui mordait le cœur. Apparaître à la bien-aimée dans le costume d'Edgar, sous un de ces romantiques vêtements dont elle était inexorablement séduite!... Conquérir peut-être à jamais son amour par cette lyrique métamorphose!...

— Je vous suis, monsieur, fit-il au doux Colcuille avec un geste résolu.

Quand il traversa la scène, par le couloir de communication, il fut acclamé par les choristes. Une petite main tremblotante et fine se tendit vers lui dans laquelle il mit deux sous pour se porter bonheur à soi-même. La petite main se referma dessus par habitude. C'était celle de M. Ritt, qui lui tendait sa droite en signe de sympathie et de reconnaissance.

III

Cadet-Bitard s'en tirait fort bien, ma foi, quand, au commencement de l'acte suivant, il se trouva en face d'une Lucie qui ne ressemblait pas à celle de l'acte qui venait de finir. Sa stupéfaction fut plus grande encore, quand il entendit cette délicate vierge lui dire, à demi-voix, sous son voile :

— Ah! canaille! je te repince donc!

Et il s'aperçut bien vite qu'il avait devant lui une ancienne bonne amie qu'il avait quittée peut-être un peu légèrement, mademoiselle Pigevent, premier sujet chantant de l'Eden des Batignolles.

Comment se trouvait-elle là?

Mais, comme lui, tout simplement, réquisitionnée dans la salle pour doubler la Lucie de l'affiche, prise d'un subit enrouement. Vers elle aussi s'était avancé celui qui porte.

Le dynastique honneur du grand nom des Coleuilles,

et, ma foi, cette occasion unique de débuter à l'Opéra, mademoiselle Pigevent l'avait prise aux cheveux.

Alors commença vraiment, pour le malheureux Cadet-Bitard, une torture bien imméritée. A chaque passade, mademoiselle Pigevent le pinçait ou lui envoyait des coups de pied dans les chevilles, ou lui faisait quelque autre méchanceté, sans compter les mots gracieux dont elle emplissait les silences de la mélodie et qui faisaient crever de rire les musiciens de l'orchestre. Soyez donc un Edgar lyrique et élégiaque avec un tel accompagnement! Il souffrait tout pour Herminie, mais il le souffrait en se couvrant de ridicule aux yeux mêmes de l'adorée. Car, sous les mauvais traitements de mademoiselle Pigevent, il avait, malgré lui, des soubresauts comiques et des grimaces allant fort mal avec les paroles passionnées qu'il exhalait en même temps.

Au moment le plus tendre, Lucie flanqua une énorme gifle à Edgar.

Stupéfaction dans la salle. Mais intervention immédiate de Gailhard, qui assura que c'était une tradition toulousaine exprimant, un peu vivement peut-être, — mais on est si exagéré dans notre Midi! — la dernière révolte d'une pudeur vaincue.

En sortant de scène, ce fut une roulée complète que notre Cadet-Bitard reçut, et, quand il rejoignit Herminie, il avait les deux yeux horriblement pochés.

Celle-ci ne lui en sut pas moins gré de son dévouement et de l'ardeur qu'il avait mise à lui plaire. Elle l'en récompensa mieux que royalement, — car les rois, eux-mêmes, ne sauraient donner à leurs plus chers favoris ce dont une personne aimablement voluptueuse et dodue peut toujours gratifier ses adorateurs.

— J'ai vu le moment, lui dit le pauvre Cadet-Bitard, où l'on allait me prier de danser le ballet, et, tout de suite, sur le petit album de maroquin rouge où sont tracés ses *Sonnets fantasques*, il improvisa, du bout de son crayon, celui-ci :

ACADÉMIE NATIONALE DE MUSIQUE.

Ah! quel théâtre charmant,
Cet Opéra que l'on fronde!
Il fait chanter tout le monde,
— Même le gouvernement.

Pas de ténor? quoi! vraiment?
— Ritt, sans perdre une seconde,
Cherche qui veut, à la ronde,
En servir gratuitement.

D'Edgar j'achevais le rôle,
Quand Mauri — chose moins drôle —
Manqua... Gailhard, survenant,

Me dit, ce Gascon obèse :
— « Vous chantiez? J'en suis fort aise.
Eh bien, dansez maintenant! »

— Et j'aurais dansé pour vous, Herminie! s'écria l'amoureux Cadet-Bitard. Mais maintenant, s'il vous plaît que nous représentions, à nouveau, le petit proverbe à deux personnages que nous avons joué hier, vous savez que je le préfère infiniment à *Lucie* et à *la Tempête* tout ensemble!

Et comme Cadet-Bitard a raison!

ANTHROPOLOGIE COMPARÉE

ANTHROPOLOGIE COMPARÉE

I

Comme elle dormait, la tête noyée dans l'oreiller naturel de ses cheveux, la bouche doucement entr'ouverte sur les dents comme une rose sous une goutte de rosée, les cils descendant leur ombre sur le velours de la joue comme des joncs qu'un souffle a couchés sur le sable, la gorge nue, rythmiquement soulevée comme un bouquet de lys abandonné aux caresses des vagues, un murmure très doux scandant les ondulations intérieures de son haleine, devant tant d'innocence recueillie dans la douceur d'un rêve séraphique, sans doute, devant un apaisement de l'être dont les baisers ont clos les paupières sous une étreinte d'amour, Cadet-Bitard, un coude lui-même sur le traversin, se mit à penser avec mélancolie. En se levant un instant auparavant pour mettre en dehors de la croisée un bouquet de violettes dont le parfum, exaspéré par la tiédeur de la chambre, devenait grisant, n'avait-il pas fait tomber, des jupes de sa belle amie, un billet qu'il avait imprudemment parcouru à la clarté douce que tamisaient les rideaux, la nuit n'étant pas encore venue sur leurs divines délices. Car les choses se passaient vers quatre heures, un de ces jours derniers, meilleurs à passer dans une couche agréablement habitée que dans les rues, où le brouillard ne dessinait qu'en silhouettes vagues et frileuses les voitures et les promeneurs. C'est en ce sens et par là que l'hiver est la saison des amours vraiment ferventes et mystérieusement douces, pressant les amants l'un contre l'autre, comme les oiseaux des îles dans les cages des oiseliers, mettant un surcroît de bien-être dans leur ivresse, isolant leur félicité de la détresse commune qui en augmente le prix. Oh ! les belles heures d'autrefois dans les chambrettes bien closes, avec les toilettes éparses sur les tapis et les fleurs lointaines lentement respirées comme un sourire du soleil absent.

— Bigre ! s'écria *in petto* — car le monologue muet passe par toutes les nuances — Cadet-Bitard, mais je suis encore cocu !

Le billet ne laissait aucun doute à ce sujet. Il était, dans sa rédaction, d'une clarté navrante. Gailhard, lui-même, l'eût compris, bien que ce ne fût pas un dédit fructueux.

Et c'était bien la dixième fois, depuis un mois qu'il était stupidement épris de cette jolie créature, qu'il acquérait la preuve de son déshonneur, illégitime fort heureusement. Mais quel abîme de perfidie, quelle source révoltée de trahison était donc au fond de cette eau pure et dormante qui ne semblait faite que pour refléter le ciel et les candides azurs de l'au-delà? Quel démon veillait sous ce sommeil d'ange? Quel brasier impur se cachait sous ce frémissement d'ailes? Oui, c'était bien celle-là dont le repos semblait une absolution de toutes les justices et un hommage de toutes les consciences, celle-là que tout à l'heure il pressait dans ses bras avec des mots fous sur les lèvres et qui lui faisait, de sa chair fervente, vibrante et brûlante, une délicieuse robe de Nessus, — celle-là qui donnait, pour le soir même, un rendez-vous à un godelureau qui n'en était plus à soupirer pour elle. La précédente fois c'était un officier de dragons; la pénultième, un médecin; l'antépénultième, un avocat; tous les corps sociaux lui avaient été successivement préférés, à lui poète! Un homme politique figurait même dans la collection. Ces gens-là ne sont terribles que par la langue, mais enfin! Cadet-Bitard se rappelait cet adage, d'un ancien célèbre, que la langue est la meilleure ou la pire de toutes les choses — et il ajoutait prudemment : suivant l'usage qu'on en fait. Cette série de découvertes fâcheuses finissait par lui donner la nausée. Eh quoi! toutes les femmes étaient-elles pareilles à celle-là? Cette Chloé — ainsi s'appelait la charmante endormie — n'était-elle pas un monstre? un phénomène de perversité justiciable des recherches de la science? Son profil semblait cependant le plus pur du monde et son front étroit était bien celui des antiques Vénus.

Cadet-Bitard sentit tomber sa colère devant l'idée qu'il avait affaire à un être absolument inconscient et victime d'une fatalité. Mais il résolut d'en avoir le cœur net, en consultant, sans en avoir l'air, un des plus grands anthropologistes de ce temps, le plus intime confident des théories de Broca, l'éminent docteur Topinard, à qui il ferait examiner le sujet, sans que celui-ci s'en doutât le moins du monde.

Et, dans un calme apparent, il attendit le réveil de Chloé qui n'entr'ouvrait les yeux que pour lui demander une nouvelle caresse et les lèvres que pour lui jurer un éternel amour.

II

Ici, mes enfants, nous sortons du domaine de la fantaisie. Le docteur Topinard, dont les récents démêlés avec la Société qu'il présidait ont fait quelque bruit, mérite bien un bout de portrait pour la postérité qui attend impatiemment ces modestes Mémoires. Il n'est pas de visiteur consciencieux à l'Exposition qui n'ait admiré le pavillon d'anthropologie, à la section I des Arts libéraux. De grandes aquarelles de Charles Toché, merveilleusement pittoresques, mettaient en sentinelle, autour, des Océaniens, au nez traversé de flèches, des Esquimaux qui semblaient des marrons moisis dans une fourrure, voire une demoiselle hottentote dont le derrière eût pu boucher l'œil unique du cyclope Polyphème, lequel mesurait, dans la légende théocritienne, plusieurs pas de largeur. C'était une des curiosités décoratives les plus intéressantes de cet ensemble de miracles. La collection, elle-même, dans laquelle je n'ai pas retrouvé sans mélancolie le crâne de Charlotte Corday dont je suis un peu cousin, était ce qu'on peut imaginer de plus scientifiquement étonnant, et le docteur Topinard, qui l'avait aménagée, en faisait les honneurs avec une éloquence de conférencier qui en faisait le Démosthène de la cranologie comparée. Une foule immense se pressait sur ses pas et le suivait de salle en salle, recueillie, buvant ses paroles et mettant à peine un bourdonnement involontaire, comme un fond d'orchestre très doux, autour de la parole claire, et coupante comme un fouet, de l'orateur. Le succès fut d'ailleurs si grand que la croix d'officier de la Légion d'honneur en fut, dans le monde officiel, l'éclatant témoignage.

De vous à moi, le docteur Topinard ressemblait à un gros bourdon dans cette ruche, mais à un bourdon sympathique et qui ne se contente pas de l'inutile musique de ses élytres. Un homme de moyenne taille, un peu replet, ayant le type médical bien net, les cheveux très noirs et un peu longs, la bouche spirituelle et qui a une telle façon de vous regarder sous le crâne, à travers ses lunettes d'or, qu'on met soi-même la main à son front pour s'assurer qu'on n'a pas oublié sa cervelle dans son chapeau. Bon raillard, avec cela, comme on disait au temps de Rabelais, et vous contant une dissection habile, avec de petits airs gourmands, comme un gros enfant qui parle de dragées. Sur des horreurs qui vous donnent froid au dos, il a le petit mot pour rire. Et ingénieux dans l'observation! En feignant d'écarter une mouche du front d'une dame, il vous mesure sournoisement son angle facial et décrète ensuite qu'elle descend des plateaux de l'Auvergne, ce qui ne la fait pas toujours rire. Cadet-Bitard avait donc raison de penser que ce savant aimable, tout en étant terriblement savant, surprendrait sans peine le secret original des infidélités de Chloé et lui en révélerait, dans l'intimité, les atavismes mystérieux. Notre jolie dinde de Chloé se laissa mener sans défiance à cette visite, n'étant préoccupée que de son chapeau, lequel était, en effet, ce qu'elle avait de plus sérieux dans la tête.

III

L'entretien roula tout d'abord sur les derniers événements personnels au docteur.

— Qu'avaient à vous reprocher, lui demanda affectueusement Cadet-Bitard, les membres de la

Société d'anthropologie pour vous retirer le fauteuil présidentiel, comme à un simple Grévy ?

— Mon idéalisme, répondit sérieusement Topinard.

Cadet-Bitard, qui était assis sur le crâne d'un mammouth et qui roulait une cigarette dans un crâne de supplicié, éclata de rire.

— En apparence, du moins, continua le docteur. En réalité, ma croix d'officier.

— Et c'est tout?

— Non! mon peu de goût aussi pour l'autopsie mutuelle.

— Aviez-vous donc manifesté l'intention imprudente de vous laisser enterrer tout entier comme les petites gens ?

— Pour qui me prenez-vous, jeune homme? Non ! j'avais simplement refusé d'être d'un dîner où l'autopsie mutuelle serait l'unique sujet de conversation. Vous comprenez, j'ai un peu de ventre. Et ils étaient là plusieurs : de Mortillet, Mathias Duval, Letourneau surtout, qui me couvaient des yeux avec une impatience visible de m'ouvrir. Moi, ça me gêne à table. Ces curiosités d'anthropophages m'ôtent l'appétit. Et puis, ils voulaient que nous devenions d'utilité publique, comme les rues. J'ai toujours préféré, pour la science, les sentiers silencieux au vacarme des grands chemins. C'était un acheminement à devenir politiques. Letourneau est ambitieux.

— Et qu'allez-vous faire ?

— Continuer à défendre les traditions de Broca contre l'intolérance des outranciers du matérialisme scientifique. Ah! attendez! vous permettez, madame?

Et, s'étant élancé sur Chloé qui poussa un cri d'effroi, le docteur fit semblant de lui faire tomber du front, avec le bout de son doigt, un brin de plume qui y aurait volé.

— Admirable! se contenta-t-il de dire, en rassurant la jeune femme par mille petites façons pleines de galanterie.

Cadet-Bitard l'attira, lui Topinard, dans un coin :

— Vous avez mesuré son angle facial? lui demanda-t-il tout bas.

— Précisément. Ah! vous m'avez vu! Farceur! Vous, vous auriez essayé de lui faire croire que la plume s'était envolée sous ses jupes!

— Eh bien! je venais précisément vous consulter sur elle.

— C'est net comme un couteau de guillotine. Elle est de race arverne et a eu pour aïeule une gaillarde qui a fait cocu Vercingétorix pendant vingt ans.

— Alors, je suis en bonne compagnie?

— Excellente.

— Et elle ne peut pas faire autrement que de me tromper?

— Si. Elle pourrait en tromper un autre que vous.

— La chère créature!

Et, d'un instinct fou, d'un mouvement d'affection impétueuse, Cadet se précipita, les lèvres pleines de baisers, sur Chloé qui s'écria :

— Ah çà! qu'est-ce qu'ils ont donc tous aujourd'hui? Ils vont m'abîmer mon chapeau!

IV

En prenant congé de l'excellent docteur Topinard, Cadet-Bitard lui demanda :

— De vous à moi, jusqu'où va votre spiritualisme, docteur?

— Jusqu'au doute, mon enfant. Comme celui de Montaigne et comme celui de Voltaire, comme celui de Broca.

— Mais vous croyez bien, n'est-ce pas, que nous descendons du singe?

— N'ayez aucune inquiétude à ce sujet, jeune homme. Vous pouvez vous en flatter.

— Merci, mon père!

Et décidément plein d'effusion, ce jour-là, Cadet-Bitard pressa, dans ses bras, le bon savant qui en profita pour lui mesurer un des lobes du cervelet.

Proclamant, dans son cœur rasséréné, Chloé innocente, puisqu'elle était l'inconsciente victime d'une fatalité, Cadet-Bitard lui dédia, en rentrant, ce sonnet nouveau qui paraîtra à la page vingt-cinq de son volume :

ANTHROPOLOGIE GALANTE

Par les replis de la méninge
Et les lobes du cervelet,
La science prouve à qui lui plaît
Que l'homme eut pour père le singe.

Devant cet arrêt de la Sphynge,
Madame, *bien* votre valet !
Je vais retirer mon complet,
Mais, vous-même, ôtez votre linge.

Retournons sous les cocotiers
Où, durant de longs jours entiers,
— Ivresse aux gorilles permise,

Bonheur des hommes inconnu : —
Vous me contemplerez tout nu
Et je vous verrai sans chemise !

— De grand cœur, répondit Chloé, en lui tendant sa bouche de fraise.

Et tout en se déshabillant, pour lui plaire, elle se prit à penser à un élève pharmacien qui lui avait souri, entre deux bocaux, quand elle revenait de chez le docteur Topinard.

GRANDEUR D'AME

GRANDEUR D'AME

I

Un gaillard qui vient de prendre un plaisir extrême à la reprise de la vie politique, c'est notre ami Cadet-Bitard. Non pas que ce soit un de ces friands de l'interpellation et de la question préalable pour qui les vacances de nos honorables sont un véritable fléau. Cadet-Bitard n'est pas de ces passionnés. Ce n'est pas un de ces fervents des cabinets que ceux-ci semblent engloutir sous leurs ruines, non plus qu'un de ces détracteurs des ministres en place qui tressautent d'allégresse quand les portefeuilles changent de mains. Il aime la France pour ce qu'elle est la patrie de Rabelais et de Corneille ; et il aime la République pour ce qu'elle deviendra athénienne quand on le voudra bien. A ces idées fondamentales près, il ne professe d'enthousiasme pour aucun groupe. La raison de la joie que nous signalions tout à l'heure est donc ailleurs.

Mon Dieu, ce serait être ingrat pour une institution où l'idée moderne semble s'être incarnée, que de ne pas citer, parmi les bienfaits immédiats du parlementarisme, le nombre de veuves provinciales aimables qu'il fait pendant la durée des sessions. Les éléments statistiques me manquent, mais il est certain que ces absences, imposées par le plus haut des devoirs civiques, n'ont pas dû diminuer la moyenne des cocus départementaux. Il importait d'ailleurs que la minorité intéressante — je recule devant le mot : majorité imposante — des maris trompés fût représentée dans nos Chambres. Elle a de sérieux intérêts à y défendre et on l'a bien vu par le succès qu'y a trouvé la loi sur le divorce. J'ajouterai que jusqu'ici cette famille considérable d'électeurs heureux aux jeux de hasard, parmi lesquels celui des élections doit être cité en première ligne, a choisi ses mandataires parmi les gens discrets et bien élevés. Ceux-ci figurent au Palais-Bourbon — voire à celui du Luxembourg — sans ostentation de mauvais goût ; et, tandis qu'un travailleur convaincu se présente en blouse au premier de ces palais, aucun des gentilshommes dont je parle n'a eu encore l'idée de faire une entrée topique avec des cornes au front. Je ne partage pas les joies de la malignité publique quand quelqu'un de nos honorables est surpris dans quelque défaillance. La société serait-elle vraiment représentée par des gens impeccables ? Ne deviendrait-elle pas une fiction comme la vertu des morts dans les cimetières où, à en juger par les épitaphes, on n'a jamais enterré que des gens de bien ? Donc Cadet-Bitard s'intéressait vivement à un de ces élus des ménages malheureux, à un de ceux qui portaient le plus haut, dans nos assemblées, la bannière qui, comme l'étendard de Mahomet, devrait être surmontée d'un croissant. Vous n'attendez pas que je vous nomme ce petit-fils de Sganarelle qui a, d'ailleurs, plus d'un frère dans la maison. Sachez seulement qu'il a la plus délicieuse femme du monde — appelons celle-là Mathilde, — qu'il ne l'emmène pas à Paris quand il y vient légiférer et que notre Cadet attendait impatiemment le départ de ce mari pour aller consoler celle qui voyait aussi arriver cette solitude relative sans déplaisir.

Le portrait de Mathilde en deux coups de crayon : grande, un peu forte peut-être pour les superficiels, l'allure la plus aristocratique du monde, le même sourire, bleu dans les yeux et rose sur les lèvres comme les feux changeants d'un arc-en-ciel ; un grand air de bonté dans la physionomie et je ne sais quoi de débonnaire malgré le casque à la Minerve que lui fait une admirable chevelure noire. Une bonne humeur constante enveloppait, comme un parfum, cette belle fleur charnue de jeunesse qu'effleure déjà le soleil des savoureuses maturités. L'ensemble plastique de ses charmes donnait l'impression sereine d'un de ces paysages de Van der Meulen dont les silhouettes sont mamelonnées de la plus riante façon. Des grâces robustes de son corsage, le sous-préfet Pigelevent de Tabelmayre avait dit le mot juste, un jour que l'appétissante dame lui demandait, à propos de l'élection de son mari :

— Croyez-vous, monsieur le sous-préfet, qu'il y aura ballottage ?

— Avec vous, madame, je jurerais que non ! avait répondu le galant fonctionnaire.

II

Ce n'est pas à la résidence maritale même que se retrouvaient nos amoureux. Mathilde avait des convenances à garder et ce n'était pas une de ces méchantes épouses qui jouissent du ridicule dont elles couvrent leurs maris. Les cocus, d'ailleurs, qui sont généralement gens peu vantards de leur état, bien moins que les maîtres d'armes par exemple, n'enverraient pas volontiers à la Chambre, pour y représenter leurs intérêts, un de ces Ménélas bruyants qui éprouvent le besoin de brûler une Ilion et de détruire la famille de Priam pour se faire de la publicité. Bien plutôt choisiront-ils un cornard sans pétulance, et, quand ils peuvent mettre la main sur un qu'on ne connaît pas à ce point de vue, ils jugent avec raison qu'on ne s'en méfiera pas et que leur besogne de protection n'en sera que mieux faite. Le mari de la séduisante Mathilde était dans ce cas. Il manquait de renommée et ne s'en trouvait que mieux. Dans un département limitrophe, Cadet et Mathilde se retrouvaient, celui-ci ayant déclaré que son médecin lui avait commandé un changement d'air et celle-là écrivant à son mari qu'une de ses tantes était gravement indisposée. Ah ! si les malades savaient les services qu'ils rendent aux amoureux bien portants, ils ne regretteraient pas de garder le lit ou la chambre ! Les morts eux-mêmes ne servent pas qu'à hériter. Les enterrements sont une des plus jolies occasions d'alibi que je sache. Cela devrait suffire à consoler l'homme de ne pas être immortel.

Ah ! les délicieuses heures que passaient Mathilde et Cadet dans la modeste hôtellerie où ils se faisaient appeler M. et madame Durand ! L'hôtelier riait malignement en les voyant trop empressés l'un près de l'autre pour être d'authentiques époux. Je te salue, humble décor des rencontres longtemps attendues, ridicule mobilier dont chaque pièce deviendra comme un autel du temple de l'Amour, lit étroit où l'on se sent plus près l'un de l'autre, table boiteuse où un si réconfortant repas sera servi, après la longue repue des caresses, rideaux d'un blanc douteux où les courants d'air mettent des frissons, ensemble de banalités odieuses que le premier sourire de la bien-aimée illuminera comme dans une apothéose, faisant surgir un palais de féerie sur les ruines de ce qui ne fut même pas !

Et les longs embrassements sur la première chaise qu'on a trouvée derrière soi et qui cède sous l'écrasement des voraces tendresses ! Et le bouquet de violettes qu'on sort du corsage, qu'on a baisé tout le long du chemin, et qui sent non plus la fleur, mais la femme, ce qui vaut mieux ! Et la confidence puérile des mille riens impatients qui ont précédé et qu'on se balbutie, lèvre à lèvre, comme une musique de litanies dont on ne cherche même pas le sens. Tout ce qu'on reconnaît de l'être aimé, et qu'on croit avoir pressenti toujours, même avant de l'avoir connu ; cette haleine dont on se grise, ce je ne sais quoi qui n'est à personne autre et qui vous ouvre le paradis mystérieux de désirs qu'aucune autre n'inspire ; cette personnalité délicieuse dans la confusion des impressions déjà ressenties qui ne sont jamais tout l'amour puisqu'on leur trouve toujours un au-delà !

Effondre-toi, paille échevelée des sièges surannés ; gémis, grotesque lit ; essoufflez-vous, rideaux poussifs aux croisées mal jointes ! Vous êtes la demeure sacrée de l'amour, et c'est un dieu qui vous habite, avec la musique divine des baisers.

Ce qu'ils s'en donnèrent durant que le précieux législateur coquetait auprès des groupes qui lui faisaient des risettes ! Non, voyez-vous, les manèges délicats de la politique ne vaudront jamais les envolées passionnelles où cherchent la vie ceux qui ont vraiment besoin de vivre. Tout le génie de Lycurgue pour une seule des fantaisies de Des Grieux !

III

J'aurais eu là, tout de même, un joli sujet de tableau à la Boucher, ayant à peindre l'opulente Mathilde dans le plus voluptueux des déshabillés, jonchée de roses et de lys, mais de roses et de lys aimants, ce qui vaut bien le roseau pensant de Pascal. Ma naturelle décence s'est refusée à la description de ces belles chairs savoureuses où mordait à pleines lèvres la fantaisie de Cadet-Bitard. On convint ensuite d'aller faire une belle promenade apéritive : on se ferait conduire jusqu'à une station voisine, fort pittoresquement située, paraît-il, où l'on reprendrait le chemin de fer. Et cette école buissonnière, vers le retour qui n'était pas encore l'adieu, fut la plus délicieuse du monde, dans l'alanguissement commun, les yeux chargés du même azur sombre, se regardant avec un mélange de reconnaissance et de reproche dans le regard; les lassitudes, si doucement conquises, s'appuyant l'une sur l'autre dans une tiédeur où, vague, renaissait le désir ; la nature mettant sa note émue et fraternelle dans le silencieux concert de deux âmes apaisées, chant des oiseaux, musique des sources et murmure des feuillages. Toute la grande lyre était là, pendue aux branches frémissantes, couchée, sur les gazons traversés d'eaux courantes, comme celle d'Orphée mort, et vibrant à l'unisson des choses qui chantaient, en eux-mêmes, un mystérieux cantique d'actions de grâces. Dans le même vent se croisaient plus étroitement leurs propres souffles, et leurs cheveux se mêlaient, ayant, aux pointes, comme d'électriques étincelles.

On venait de descendre de voiture. Le train allait bientôt partir.

— Ah ! mon Dieu ! les Chamiroussin ! fit Mathilde avec angoisse.

Une famille, en effet, s'avançait vers eux, avec un sourire énervant sur la bouche, cinq bouches pareilles, toutes trop grandes et meublées de vilaines dents.

Ces Chamiroussin avaient connu Mathilde tout enfant. Ils la savaient mariée à un député, mais ne connaissaient pas son mari.

— Mon mari, fit-elle, en présentant Cadet-Bitard qui salua.

Et quand les effusions furent terminées, M. Chamiroussin, chef de la tribu, et celui qui avait la plus grande bouche, continua :

— Ah ! ah ! monsieur le député, il me semble que nous prolongeons nos vacances !

— Une question d'intérêt local très grave à étudier, répondit imperturbablement Cadet.

Et madame Chamiroussin, lui prenant familièrement le bras :

— J'ai donc enfin trouvé l'homme qui m'aura un débit de tabac.

— J'en ai plusieurs sur moi, continua l'impertinent, en éventrant un magnifique paquet de conchas.

— Le train ! le train ! fit Mathilde, pour couper

court à cet entretien difficile et s'arracher aux étreintes des trois petites Chamiroussin, qui se pendaient à ses bras comme des sonneurs à la cloche de matines.

— Oui! oui! le train, fit Cadet-Bitard, en s'avançant vers le guichet et en demandant deux premières.

— Voyons, farceur, voulez-vous finir? lui dit familièrement Chamiroussin. Vous savez bien que vous avez votre parcours gratuit.

— Permettez...

— Vous n'avez pas votre carte? mais je connais le chef de gare. Monsieur Troussevesse, n'acceptez rien de monsieur, il est député!

Le chef de gare voulut rendre la moitié de l'argent. Cadet-Bitard, qui est honnête, refusa net, malgré les instances de Chamiroussin, à qui cette générosité ne coûtait rien. Pour vaincre celles-ci, Cadet-Bitard, avec une éloquence foudroyante, s'éleva contre un privilège qu'il trouvait scandaleux et dont il refusait personnellement de profiter. Un représentant du peuple devait payer sa place comme le peuple lui-même! Ce discours eut un succès considérable parmi les voyageurs qui furent tous de son avis et dont plusieurs vinrent lui serrer la main. Chamiroussin pleurait comme un veau à qui on annonce le retour d'un enfant prodigue.

Enfin, ils sont partis. Seuls, dans leur compartiment, Cadet et Mathilde recommencent à dialoguer du bout seulement des lèvres. Mais ne voilà-t-il pas que cet animal de Chamiroussin, qui écrit dans une feuille locale, s'est amusé à faire un long article sur la grandeur d'âme du mari de Mathilde qui refuse de voyager aux frais des compagnies et à citer son exemple à tous ses collègues du Parlement. L'articl. a pénétré au Palais-Bourbon, où il a causé un véritable scandale. Comme il arrive toujours, c'est le plus intéressé qui, seul, n'en a pas eu connaissance, et le pauvre homme ne comprend rien au déchaînement de regards furieux dont il est l'objet.

— Vous avez fait du propre ! lui a dit cyniquement l'avocat Casmajou.

— Quoi donc ?

— Ne faites pas l'innocent ! mais apprenez que nous n'aimons pas ces recherches de basse popularité !

Et il ne saisit toujours pas ce qu'on lui veut. Il s'entend appeler dans les couloirs : ce cochon de X... ! Et il ne sait pas pourquoi. Pendant ce temps, Mathilde et Cadet-Bitard continuent d'être heureux.

IV

Cadet-Bitard a même consigné son bonheur dans le sonnet suivant :

AUREA MEDIOCRITAS

Mieux vaut toit crevé sous la nue
Que lambris où l'or s'assouplit,
Quand Celle qu'un charme accomplit
Y cache sa grâce ingénue.

Mieux vaut lit de paille menue
Que duvet d'un somptueux lit,
Quand la vivante odeur l'emplit
Des longs baisers sur la chair nue.

D'un corps blanc l'éclat argentin,
De dentelles et de satin,
Frange la plus grossière toile.

On s'aime mieux dans l'air obscur,
Lorsque, par la fente d'un mur,
De loin vous sourit une étoile !

Sacré Cadet-Bitard, va !

CHESTER-CAPRICE

10.

CHESTER-CAPRICE

Au très ingénieux, très gaulois et très anonyme auteur du livre qui vient de paraître sous ce titre : *Le Gai Conscrit*, pour le bon rire que je lui dois.

I

Tout Paris s'est intéressé comme moi, j'en suis sûr, à ce voyageur intrépide qui, n'ayant pas d'argent pour nous venir voir, vient de faire le trajet de Vienne au boulevard de Strasbourg, sous les espèces d'un colis expédié par lui-même. Soixante heures dans une boîte en bois blanc que des messagers bousculent ! Il faut aimer terriblement la France et être prodigieusement curieux de nos merveilles pour se contenter d'un sleeping-car aussi primitif. Aussi prendrai-je volontiers l'initiative d'une souscription patriotique en faveur de cet intéressant fraudeur dont les tribunaux pourraient apprécier sévèrement l'enthousiasme locomoteur. Comme on s'extasiait de l'aventure devant Cadet-Bitard, celui-ci, après avoir rendu, comme moi, justice au sentiment, flatteur pour nous, dont ce novateur en matière de wagons s'était inspiré, laissa tomber ce petit bout de latin de ses lèvres : *Nil novi sub sole.*

— Eh quoi ! mon doux Cadet, allez-vous tenter de nous faire accroire qu'un de vos aïeux avait inventé autrefois cette façon économique de voir du pays par les trous d'une caisse ?

— Mon propre père, s'il vous plaît, et l'aventure vaut bien qu'on la conte : car on y trouve aussi la preuve d'une extraordinaire tendresse pour notre beau pays et pour les callipyges personnes qui en représentent l'honneur, par le monde entier. Car, sur aucun autre sol européen, on ne rencontre de demoiselles aussi bien pourvues de ce qui doit rendre pénible et inconsolable la position des manchots.

II

— Mon père avait plus de vingt-cinq ans déjà, continua Cadet-Bitard, qu'il faisait encore des sottises pour l'amour desdites demoiselles de notre chère France. Sa famille, qui le voulait marier et qui avait raison, — car, sans cela, vous ne m'auriez pas aujourd'hui dans votre compagnie, — résolut de l'exiler de cette terre de tentations et le força de passer la Manche, pour apprendre l'idiome du divin Shakespeare. Comme les miens eurent toujours d'admirables relations, on l'adressa à un des plus grands métayers des environs de Londres, un fabricant de fromages primés à tous les concours et chez qui une pension lui fut servie directement, laquelle permettait de ne lui laisser aucun argent de poche. William Peterson, cet insulaire hospitalier, était un excellent homme d'ailleurs, tout à fait passionné pour ses produits, et qui ne passait pas une heure sans les aller arroser lui-même d'excellent vin blanc, comme il convient de faire pour le chester quand on le veut conserver moelleux et légèrement piquant au gosier. Ainsi contracte-t-il encore les qualités égayantes de nos Roussillons nationaux, autrement aimables que la rude ivresse du gin ou whiskey.

La première pensée de mon père fut de faire cocu cet hôte qu'il n'avait pas demandé au destin. Mais mistress Peterson était une personne rigide qui désespéra d'abord son pensionnaire par sa rigueur et plus encore par sa maigreur quand elle eut consenti à manquer à tous ses devoirs. Jamais chute n'humilia davantage celui qu'elle devait enorgueillir. Une fois pourvue d'un amant inespéré, la bonne dame voulut prendre des façons évaporées de Parisienne. Ne voulait-elle pas que mon père l'enlevât et la vînt installer à Saint-Germain, comme le prince Édouard! Elle était prête à voler son époux pour subvenir aux frais de cette escapade. L'auteur de mes jours ne plaisantait pas avec la délicatesse. Il refusa net de s'associer à ce mauvais procédé conjugal.

Il y avait bien d'autres femmes dans le cottage, mais employées à des travaux laitiers, manquant absolument de poésie. Alors, mon père, dans ses moments de liberté, explora les environs. Il y trouva aisément des vertus peu farouches, mais non pas assises sur les bases savoureusement charnues dont il avait pris les perfides habitudes sous notre beau ciel. Il faudrait être fou pour nier le charme des Anglaises dans la fleur de leur adolescence rapide, quand toute leur personne semble un fleuve lacté sur lequel courraient des rayons d'or et des pétales de roses. Mais ce printemps délicieusement éclairé par l'azur d'yeux faussement innocents et par le ton d'aurore d'un sourire menteusement candide, s'évanouit dans un souvenir furtif de neige et de pommiers fleuris. Quelle tendresse recueillie et telle qu'il la faut à des amants de quelque ferveur naturelle, demander d'ailleurs à des jeunes filles qui préfèrent encore leurs cerceaux et leurs poupées aux madrigaux des galants ?

Donc, sous le ciel embrumé qui fait la Bretagne nouvelle si lointaine de notre vieille Armorique ensoleillée, où les camélias poussent en plein vent, nostalgique en diable et sentant, en soi, toutes les mélancolies d'un proscrit, mon père se remémorait, dans les amertumes du silence, nos belles amoureuses aux cheveux noirs, au rire éclatant, à la gorge impertinente et qui semblent rouler, sous leurs jupons, les plus lourdes vagues de l'Océan. Il pensait, sous les moroses berceaux de houblon, à nos belles vendanges qui barbouillent toutes les lèvres dans un immense baiser; aux moissons dorées s'amoncelant en lits agrestes et parfumés où les petites bouches rouges des dormeuses semblent encore des fleurs de coquelicots ; aux ruisseaux clairs dont on poursuit les méandres, en même temps qu'une promeneuse égarée dont le chapeau de gaze semble, aux pointes des roseaux, l'aile d'une grande libellule ; aux bouquets de lilas sous lesquels se murmurent les impatientes tendresses ; à tout ce qui fait, en un mot, nos joyeuses amours de France, sœurs latines ou de gauloise race dont le rire est la plus divine musique, dont l'étreinte est le plus délicieux linceul.

III

Fuir l'Angleterre ! Revenir à Paris ! Mon père n'eut plus d'autre rêve. Mais sa délicate famille continuait à ne pas lui envoyer un sou. C'est alors que germa dans son cerveau une idée de génie. Le doux William Peterson avait résolu d'envoyer, ou plutôt d'accompagner lui-même à notre première Exposition universelle, — on était alors en 1855 — un chester monumental, lequel ne pouvait manquer d'y obtenir une médaille d'or. Or donc fit-il construire, pour y installer ce titanesque produit, une solide caisse ronde, dans la forme ordinaire mais avec de tout autres dimensions, avec un trou en haut dont la destination n'échappera à personne. C'est par cet orifice, en effet, que notre Peterson se proposait d'arroser, pendant toute la durée du voyage, l'objet de son légitime orgueil. Il avait acheté six bouteilles d'excellent Xérès dans cette intention et, faut-il en convenir? le choix de ce vin, que mon père estimait particulièrement, ne fut pas étranger à cette héroïque résolution. Il corrompit par l'offre de sa montre — tout ce qui lui restait et dont il n'avait pas besoin pour voyager dans l'obscurité — un des Irlandais vigoureux que son hôte employait à la mise en état de ses colis à expédier et en obtint que celui-ci le substituât lui-même au fromage colossal dans son enveloppe, quand le moment du départ fut venu. Au fond de la boîte mon père s'assit commodément. Bien enveloppé de couvertures pour ne pas trop souffrir des chocs et ayant pour toutes provisions un ciseau à blanc et une timbale.

William Peterson avait obtenu de la Compagnie des Messageries de ne pas quitter son bagage et de faire le trajet, avec lui, dans le fourgon. Ainsi eut-il grand soin qu'on ne le bousculât pas et veilla-t-il avec une sollicitude fraternelle... sur la sécurité de mon père. De temps en temps, il poussait même la gentillesse jusqu'à lui parler, avec une tendresse infinie de propriétaire : — « Ah ! mon gaillard (le mot n'était pas encore injurieux), lui disait-il, quel succès tu vas avoir ! » ou bien : — « Bois, bois !

mon mignon. Tu me revaudras ça par le prix que je te vendrai ! » ou encore : — « Cristi ! que tu sens mauvais, animal, mais quel goût tu vas avoir ! » C'était quand le prisonnier se donnait un peu de vent à lui-même. Et toutes les demi-heures régulièrement, une bonne gorgée de Xérès que mon père recevait strictement dans sa timbale et humait voluptueusement en se faisant claquer les babines, ce qui faisait dire à l'Anglais : — « Goddam ! il me semble que le bois joue ! »

Aussi le captif accomplissait-il fort gaîment — au point de vue gastronomique, s'entend — la traversée.

Il n'eut qu'un mauvais moment à passer. Pendant qu'il sommeillait, William Peterson s'étant éloigné un instant, à une station, une jeune miss très pudique entra dans le fourgon sournoisement pour y satisfaire le plus légitime et le plus hydraulique désir; et, apercevant ce beau siège circulaire percé d'un trou, grimpa dessus. Machinalement, mon père, entendant couler le liquide, tendit sa timbale et fit une terrible grimace en buvant le Xérès qu'on lui versait.

A cet accident près, il arriva à Paris à bon port et son compagnon veilla sur son débarquement avec tant de soins affectueux qu'il fut à peine secoué avant d'être installé sous le hangar où les produits alimentaires, particulièrement odorants, étaient sagement exilés. Une heure après, à la nuit tombante, ayant ouvert sa cage, sans bruit, avec le ciseau, il s'échappait, comme un papillon de sa chrysalide, et rentrait au sein de sa famille ébouriffée qui ne tua aucun veau gras à cette occasion. Gris comme un merle de vigne en octobre, il y fit un tas de fariboles et le rire désarma, une fois de plus, l'ire légitime de ses parents.

Le lendemain, en voulant déballer son tant précieux chester, William Peterson faillit avoir une attaque d'apoplexie. — « Quel parfum ! » était-il en train de dire en faisant sauter la couvercle.

Rien dans la boîte... Rien !

Quand je dis : Rien. Si ! Pis que rien ! Enfermé pendant de longues heures, mon père avait laissé dans sa prison un souvenir dont je ne préciserai pas la nature, un bouquet dont l'odeur n'avait pas peu contribué à perpétuer l'illusion d'un chester en promenade. On ne comprit pas d'abord ! Comment concevoir cependant que le fromage se fût réduit à ce point et eût changé ainsi d'aspect, de fermeté et de couleur ? Un comité de savants fut convoqué. On peut lire encore aujourd'hui, dans le rapport qu'il rédigea, cette phrase qui consola l'amour-propre et les intérêts blessés de l'excellent Peterson : « Le chester est un fromage si éminemment digestif que, quelquefois, il opère sur lui-même et arrive à destination tout digéré. »

IV

Et Cadet-Bitard, suivant une coutume que vous avez remarquée sans doute, résuma en un sonnet nouveau son impression personnelle sur l'histoire que lui-même venait de conter. Le voici :

PATRIOTISME GALANT

Il n'est beauté qu'au front latin
De nos belles filles de France;
Parfum qu'aux boutons d'espérance
Qui rosent leur double tétin!

C'est l'écho d'un âge lointain,
Mieux fait d'amour que de souffrance,
Qui, du Rhône jusqu'à la Rance,
Tinte dans leur rire argentin.

En elles, sous l'orgueil des lignes,
C'est le sang vermeil de nos vignes
Qui met sa vivante chaleur.

Pour leur corps, le soleil de Grèce
Garda sa dernière caresse,
Et Pœstum sa dernière fleur!

O belles filles de France, Béarnaises aux pieds d'enfants, Arlésiennes aux chevelures d'ombre, Bretonnes aux yeux bleus faits de deux gouttes de mer, Toulousaines au teint d'ambre velouté comme les pêches, et, — comme au cœur même du pays, — Berrichonnes fières aux épaules de Dianes chasseresses, riveraines pensives de la Meuse et riveraines joyeuses de l'Ariège, dernière goutte du sang des Dieux mêlée à la sève prophétique des grands chênes gaulois, glorieux hymen, dans une beauté nouvelle, de deux races sacrées; belles filles de France qui m'avez appris la douleur et la joie, le rêve et le baiser, fleur de la Patrie, fleur dont la tige porte tout ensemble une rose et un lys, callifessières compatriotes et sœurs aux nénets triomphants, joie des couches hospitalières, femmes augustes des cocus, pucelles aux abois, gibier de caresses, vous ne saurez jamais ce que Cadet-Bitard et moi, nous vous aimons !

PALMARÈS GALANT

PALMARÈS GALANT

I

— Et toi, mon chéri, que penses-tu des médailles?

A cette question, que lui posait à brûle-pourpoint, — bien qu'il fût nu — et dans la tiédeur caressante des draps pleins encore de l'arome des baisers, la jolie Ninette, souriant dans l'ombre épandue de sa belle chevelure noire, Cadet-Bitard répondit avec sa galanterie accoutumée :

— J'en pense, mignonne, que si elles se décernaient à la beauté des modèles, les seules toiles pour lesquelles tu aurais posé en mériteraient.

Il ne vous en faut pas davantage, à vous malins que vous êtes, pour deviner que la présente maîtresse de notre précieux Cadet est une de ces jeunes personnes qui se montrent, sans vêtements, aux artistes dans leurs ateliers.

Et après? Qui donc y trouverait à redire? Comment, il existe, en plein Paris, au pied de Montmartre, des femmes qui sont comme brevetées pour être belles de corps, et les gens de goût ne s'en iraient pas vers elles? Ils leur préféreraient les guenons bien nippées que d'iniques carrosses promènent dans l'allée des Acacias, à l'heure où les serins le prennent? Par ma foi, il est temps de venger ces vaillantes créatures qui font le rude métier de collaborer quelquefois à des chefs-d'œuvre, qui ont la fierté légitime de leurs seins droits et de leurs hanches harmonieusement rebondies. Les péronnelles qui les traitent de leur haut seraient souvent bien embarrassées d'en montrer autant et font bien de garder leur déshabillé pour les financiers en goguette. Pas toujours vertueux, les modèles... Eh bien, tant mieux! Plût au ciel que les femmes laides fussent vertueuses pour elles! Ce serait un joli courant de bonnes mœurs à travers le monde. Tous n'ont pas été élevés sur les genoux de madame Campan. Mon Dieu, à propos de Louis-Philippe, Victor Hugo, a écrit « qu'il y avait quelque chose de plus grand que d'être grand, c'était d'être bon. » Ainsi, dirai-je volontiers que, pour les femmes, il y a quelque chose de plus distingué que d'être distinguées, c'est d'être belles! A qui fera-t-on accroire qu'un beau visage ou de belles cuisses, lourdes et blanches comme des fleuves de lait, puissent être quelque chose de commun? Ce sont les demoiselles au nez retroussé qui ont dit ça. Or, Cadet-Bitard pense exactement comme moi, qu'il n'en faut pas dans les lits des délicats. C'est menu de goinfres, en amour, et non de gourmands éclairés qui n'aiment pas à se fourrer la bouche sous un courant d'air.

Moi, je n'ai jamais pu voir une belle statue ou une figurine peinte par un maître, sans penser à la beauté vivante qui avait inspiré cette beauté morte, à la chair dont ce maître avait pris les fermetés ou dont cette toile avait bu les couleurs. Et vers l'obscure déesse, vers la Vénus oubliée d'où cette splendeur avait jailli dans l'âme de l'artiste, s'en va mon hommage, sensuel comme un désir, religieux comme une prière. On a fait, dans ce monde ridicule, une place immense aux comédiens, parce qu'ils ont été, pendant une heure, Rodrigue ou Hernani, sous les défroques des héros. Il me semble que la femme qui demeure, à jamais, dans l'immortalité du bronze ou de la pierre, Diane, Niobé, Ariadne, le lyrique symbole de la Beauté à travers les âges, mériterait, au moins, autant de considération. On décore les comédiens, maintenant; rien de mieux! Cadet-

11.

Bitard et moi nous demandons qu'on en fasse autant pour les modèles qu'un Henner ou un Puvis de Chavannes fait immortels. Nous leur devons aussi d'avoir réalisé, dans la vie, le rêve des poètes. Elles ont fait chair le verbe sacré comme l'interprète de Molière ou de Corneille. Et je voudrais — Cadet-Bitard aussi — que, de même qu'on le faisait autrefois sur le passage des légionnaires, non pas les soldats seulement, mais tous les hommes valides portassent les armes quand elles traverseraient leur chemin. Ainsi, et par des distinctions qui conviennent mieux à la frivolité féminine qu'aux ambitions plus désintéressées de l'homme moderne, ramènerait-on cet âge égaré au culte fervent de la Beauté, à la religion des formes augustes, seules conservatrices de l'honneur des races, et sans laquelle, d'ailleurs, les races feraient mieux de ne se pas conserver.

II

— Et puis, Cadet, es-tu pour Bouguereau ou pour Meissonier?

Et Ninette, qui avait décidément envie de causer sérieusement, prenait un petit air fâché.

— Au temps, lui répondit avec dignité Cadet-Bitard, en lui posant un baiser derrière l'oreille, sa petite oreille en coquillage rose et où doit toujours chanter la mystérieuse chanson de la mer, au temps où mon maître, Théodore de Banville, ne m'avait pas encore appris à rimer sévèrement, il n'est pas de puissance humaine qui m'eût empêché de formuler ma pensée sur les deux maîtres, dans le quatrain, vraiment libertin au point de vue des assonances, suivant :

> Quand c'est du Meissonier,
> N'y en a jamais assez ;
> Quand c'est du Bouguereau,
> Y en a toujours trop.

Ah ! ça n'est pas millionnaire, mais ça rend joliment ma pensée. Au fond, ce n'est ni à l'un ni à l'autre que je confierais ton portrait. Meissonier me donnerait l'habitude de ne plus t'aimer qu'à la loupe, et il y a beaucoup de choses à dire, en amour — même une cochonnerie que tu m'éviteras — sur l'usage du verre grossissant. Quant à Bouguereau, je ne lui pardonnerais jamais de donner au jardin naturellement parfumé de tes grâces des façons de parfumerie élégante.

> Duez, Gervex, Roll, Cazin, Béraud,
> Voilà mon Meissonier, voilà mon Bouguereau !

Dans l'autre camp, il y a Rochegrosse que je prise aussi fort au-dessus de son général. Ah! Ninette ! Ninette ! s'il ne m'était infiniment plus doux de parcourir ton aimable personne des yeux — comme un livre qu'on voudrait toujours relire, — des lèvres comme une fleur qu'embaume un immortel souvenir ; si le temps ne passait trop vite pour que j'en perde une minute de celui que tu abandonnes à mes caresses et que je voudrais être l'éternité ; si l'odeur exquise de ton corps, l'attirante puissance de tes yeux, l'aimant despotique de ton sourire, la chaleur de tes bras et le frisson de tes reins me laissaient la lucidité nécessaire à l'examen d'une grave question, je te prouverais que tous ces bons peintres-là — ce n'est ni Meissonier ni Bouguereau que je veux dire — mais Carolus, si tu veux, que j'avais oublié — n'ont absolument rien gagné à être bombardés de récompenses, et que les étrangers, qui achètent surtout aujourd'hui notre peinture, se moquent absolument qu'ils soient pareils à des sauveteurs.

— Alors, fit Ninette, en reculant sa nuque d'une façon boudeuse, — elle avait certainement passé, ce jour-là, devant un atelier Julian, pendant qu'on y donnait de l'air — tu n'admets ni les joies de l'émulation, ni la gloire des récompenses?

— Ingrate! fit Cadet-Bitard en lui ramenant doucement la tête sur son épaule jusqu'à ce que leurs deux bouches n'eussent plus qu'une même haleine.

III

Et se recueillant dans la béatitude de ce long baiser, il composa un sonnet hardiment rimé, pour ne point encourir l'ire de notre divin maître Banville. Un instant après, comme le rideau... non, le drap, retombait sur la petite pièce dont le long baiser n'était que le prologue, il déclama, comme il suit, son œuvre à Ninette délicieusement tire-bouchonnée entre ses jambes comme une chatte frileuse.

RÉCOMPENSE

Non, rien ne vaut l'aimable prix,
Qu'au paradis de sa ruelle,
L'amoureuse, longtemps cruelle,
Décerne à l'amoureux surpris.

Sur une lèvre au fin pourpris
Fleurit le laurier que j'appelle ;
Et, malgré la gloire d'Apelle,
Je tiens les autres en mépris.

Il n'est talent qu'en la caresse
Dont on affole une maîtresse ;
Et si, parfois, je fais des vers,

La Femme est la seule médaille
Pour quoi sans trêve je travaille
Et dont j'aime jusqu'au revers !

— Vous n'êtes pas dégoûté, sire ! répondit Ninette en minaudant. Et leur innocent entretien reprit là précisément où la singulière question de la curieuse fille d'Ève l'avait interrompu, dans la tiédeur caressante des draps pleins encore de l'arome du baiser.

LE FAUX CANDIDAT

LE FAUX CANDIDAT

I

Brune, les yeux voilés de longs cils, l'air des filles qui ont été élevées dans les couvents, une pointe d'hypocrisie dans le sourire, elle n'était pas déplaisante sous sa robe sombre dont un tablier blanc chancrait largement la jupe :

— Et où avez-vous servi, en dernier lieu, mon enfant ? lui demanda Cadet-Bitard qui était le plus courtois du monde même avec les femmes des plus humbles conditions.

— Chez M. Grignepet.

— Que fait ce monsieur ?

— Il est académicien.

— Vous en êtes sûre ?

Et, pour ne s'en pas laisser imposer, Cadet-Bitard alla consulter son Bottin. Il y découvrit le Grignepet, signalé, en effet, comme Immortel. Après quoi, poursuivant son interrogatoire :

— Votre maître était célibataire ?

— Oui, monsieur.

— Et vous vous présentez comme bonne à tout faire ?

Ce fut un oui, très pudique, qui lui fut répondu et avec un abaissement plus grand encore des paupières presque fermées.

— Et puis-je vous demander pourquoi vous quittez M. Grignepet ?

Une rougeur passa aux joues de la mystique servante, et, d'un ton très embarrassé, elle annonça :

— Parce que Monsieur voulait me faire des inconvenances.

— Ah! le gaillard! Eh bien, ma fille, j'irai tantôt aux renseignements et je vous rendrai une réponse demain.

Elle sortit sans regarder derrière elle, comme une dévote de l'église.

Et Cadet-Bitard pensa :

— Il serait temps que je prisse une bonne qui n'eût pas une envie démesurée de devenir courtisane et qui ne me mette pas à la porte aussitôt que je l'ai mise, moi-même, dans ses meubles. Celle-ci paraît avoir des principes. Je veux m'édifier absolument sur son compte et être sûr qu'elle me résistera. Mais auparavant, voyons un peu ce qu'a écrit ce célèbre Grignepet pour lui pouvoir dire un mot aimable dans ma visite.

Et, consciencieusement, Cadet-Bitard fouilla les catalogues enfouis au fond de sa bibliothèque, sans y trouver mention d'une seule ligne écrite par ce Quarante-là. L'ingénieuse idée lui vint enfin d'aller consulter la collection de la *Revue des Deux-Mondes* et il y trouva, dans un mémoire de 1845, l'indication d'un article sur *la Vie domestique chez les Sarmates*, par HONORÉ GRIGNEPET qui ne pouvait être autre que le sien.

— Bonne aubaine, fit-il, je tombe chez un spécialiste !

Et, dans la plus correcte des tenues, il prit le chemin du quai des Tournelles qu'habitait le grand écrivain.

II

Or, Grignepet avait eu, la veille même, dans le vestibule de l'Institut, un entretien avec M. Camille Doucet dont quelques traits méritent d'être rapportés :

— Vraiment, vous croyez, confrère, avait-il demandé à l'illustre auteur dramatique, que cet Emile Zola aura le toupet de se présenter ?

— J'en ai peur, Grignepet, et plus peur encore de ce qu'il viendra faire parmi nous.

— Pensez-vous donc qu'il aura quelques voix ?

— Les sportsmen voteront pour Brunetière et les bibliothécaires pour Bornier. Mais les littérateurs, mon cher, les quelques littérateurs que nous avons l'imprudence de laisser se glisser parmi nous !

— Moi, mon cher, j'aimerais mieux donner ma voix au diable, à un galérien, à un poète. Tenez, je consentirais plutôt à faire à Théodore de Banville les trente-neuf visites qu'il exige de chacun de nous avant de consentir à nous admettre dans sa société.

— Le fait est que les projets de ce malfaiteur sont terribles.

— Quels projets? Vous me faites trembler. Oserait-il donc reproduire, parmi nous, les éoliennes expériences de son Jésus-Christ?

— Pis que cela, Grignepet, pis cent fois. J'ai pénétré les fonds obscurs de son âme de romancier naturaliste.

— Achevez, Doucet, achevez. Vous me donnez la chair de poule et il y a une maladie sur les volailles en ce moment.

— Ce n'est pas du tout pour être académicien, naïf Grignepet, que Zola veut être de l'Académie. C'est pour se glisser dans notre milieu social, l'étudier comme il a fait de tous les autres, en exagérer les travers et nous fourrer dans les Rougon-Macquart comme le reste du monde. Après l'ouvrier dans *l'Assommoir*, le paysan dans *la Terre*, le commis dans *le Bonheur des Dames*, le mineur dans *Germinal*, il exhibera cyniquement l'académicien dans un livre qui s'appellera sans doute : *La Machine à gloire*. Il nous ôtera notre habit vert et nous mettra nus comme de petits saints-jeans, ce qui sera bien laid. Il profanera nos rites, divulguera nos mystères, parodiera nos discours et nous vendra tout vifs, en cent mille exemplaires, à Charpentier qui se frottera les mains. Ce sera une humiliation pour nos propres volumes, en même temps qu'un ennui pour nos personnes.

— Par la mort Dieu ! s'écria Grignepet. Il peut se présenter chez moi. Je ne le recevrai seulement pas.

— C'est pourtant un devoir de notre charge de faire un accueil poli aux candidats qui se sont fait officiellement inscrire. D'ailleurs, avant ses visites officielles, a-t-il commencé des investigations dans nos foyers. Avant l'académicien en zinc bronzé, nous verrons l'académicien en robe de chambre.

— Par exemple !

— Je me suis laissé conter, poursuivit M. Doucet, en retrécissant l'arc fin de ses lèvres, pour que les flèches de sa parole s'envolassent moins loin, que, depuis un mois déjà, ce Zola diabolique pénètre dans nos intérieurs, sous des déguisements variés. Cherbuliez l'a parfaitement reconnu dans une vieille tireuse de cartes qui lui venait offrir celle de Suisse. Chez d'Audiffret il s'est présenté en facteur et a cyniquement accepté des étrennes. C'est les farces de Protée qu'il renouvelle à nos dépens. Je sais un de nos collègues qu'il a fait cocu, comme un simple Amphitryon, sous le claque d'un polytechnicien. C'est Dailly qui, en souvenir du superbe rôle de Mes-Bottes, lui a appris à se grimer. Mal lui en a pris l'autre jour. Gailhard, croyant reconnaître en lui un ténor de Castelnaudary, l'a forcé à jouer *Lucie*.

Méfiez-vous, Grignepet, méfiez-vous. Il forcera votre porte comme toutes les autres.

— Merci, collègue, je rentre à l'instant. J'ai justement une nouvelle bonne à qui il faut que je donne des instructions.

Et les deux augures qui s'étaient regardés sans rire, cette fois, échangèrent une poignée de main désespérée.

III

Quand Cadet-Bitard se présenta, dans l'intention que vous savez, Grignepet avait son idée faite sur cet intrus :

— Qu'y a-t-il pour votre service, monsieur? lui demanda-t-il du ton bourru d'un colonel de vaudeville.

— J'ai pensé, monsieur, que comme auteur admiré de *la Vie domestique chez les Sarmates*, vous ne me refuseriez pas...

— Je vous refuse tout, monsieur, et je vous préviens que je ne suis pas votre dupe.

— Permettez...

— Je vous déclare que je n'ai jamais lu et ne lirai jamais une ligne de vous.

— Pas même mes *Sonnets fantasques ?* interrogea sèchement Cadet-Bitard, qui n'aimait pas à être humilié dans son orgueil de poète lyrique.

Grignepet éclata d'un méchant rire :

— Ah! vous faites aussi des vers! Eh bien, vous êtes complet!

— Je n'aime pas à être plaisanté sur ces matières, vieillard, fit sévèrement Cadet, et je ne sortirai pas d'ici sans vous avoir fait entendre le dernier-né de ces petits chefs-d'œuvre en quatorze vers. Ah ! pas de résistance ! ou je publie sur les toits que vous avez été inconvenant avec votre dernière bonne.

Grignepet pâlit :

— Je vous écoute, monsieur, fit-il subitement radouci. Et Cadet lui décocha ce petit morceau en pleine figure.

CAUCHEMAR

D'une Hottentote, aux flancs nus,
Pressant la beauté callipyge
Dont les rondeurs faisaient la pige
Même aux pétards les mieux venus,

Goûtant des charmes inconnus
Rien qu'à regarder ce prodige,
Tout en rêvant : Voilà, me dis-je,
L'antique et la seule Vénus !

Puis, un doute, sous le front, m'entre :
— Ses nénés, flottant, sur le ventre,
Ainsi que deux ballons sur l'eau,

Choses au caoutchouc pareilles, —
J'en mis les bouts à mes oreilles
Et m'éveillai, criant : Allô !

— Jeune homme, c'est superbe, et d'une délicatesse ! fit avec effort Grignepet. Soyez discret, et, malgré mon horreur pour le reste de vos œuvres, je vous donnerai ma voix.

En même temps, accablé, le malheureux Immortel se laissait choir sur son fauteuil, en montrant du geste la porte à Cadet-Bitard.

— Camille Doucet, pardonne-moi ! murmura-t-il d'une voix éteinte.

IV

Derrière la porte, écoutant et crevant de rire, Cadet-Bitard trouva la nouvelle bonne de Grignepet. Une blonde, celle-là, coiffée d'une broussaille d'épis, avec deux yeux d'un bleu clair semblant deux œillets dans une moisson, nez au vent et lèvre gourmande, un chiffon de fille qui semblait loger le diable au corps. L'aimable servante, pour une comédie de Molière ! pensa Cadet, et quand, escorté de cette drôlesse, il eut parcouru le long couloir séparant le cabinet de l'Immortel de la porte de l'appartement, au lieu de sortir, il pénétra dans une façon de petit salon d'entrée, en faisant : Psst !

Un instant après, sa compagne de couloir était sur ses genoux.

— Vous êtes ici comme bonne à tout faire, mon enfant ?

— Ah ! oui ! fit la petite en le regardant effrontément et les yeux dans les yeux.

— Et vous êtes laborieuse ?

— Ça, ça dépend ! reprit-elle en dodelinant doucement de la tête.

— L'ouvrage vous plaît-il dans cette maison ?

— Je ne sais pas. J'y suis entrée aujourd'hui ; je vous dirai cela demain.

— C'est que vous me plaisez infiniment plus que

celle de vos caramades qui s'est présentée ce matin chez moi et qui sortait également de chez M. Grignepet.

— Dame! je dois mes huit jours.

— Oui, mais huit jours seulement! j'attendrai. Je vous retiens et voici vos arrhes.

Ce disant, Cadet-Bitard noua amoureusement ses bras autour de la taille de la volage camériste, lui posa furieusement sa lèvre sur la nuque dans le moutonnement tiède des cheveux follets, ramena ses mains sur la gorge ferme et frémissante, la serrant contre lui, et s'écrasant délicieusement les cuisses sous la solide rondeur d'une croupe aux marines ondulations de lourde vague.

— Toi aussi, je te mettrai dans tes meubles, lui disait-il tout bas en lui mangeant l'oreille de baisers.

Une voix sépulcrale, celle de Grignepet, pâle et debout sur le seuil, retentit à temps pour sauver la morale d'un imminent danger.

— Trublot! va! tonna cette voix d'outre-tombe.

Et les deux coupables s'enfuirent, comme jadis Adam et Eve, dans une commune malédiction.

AUTOMNE MONDAIN

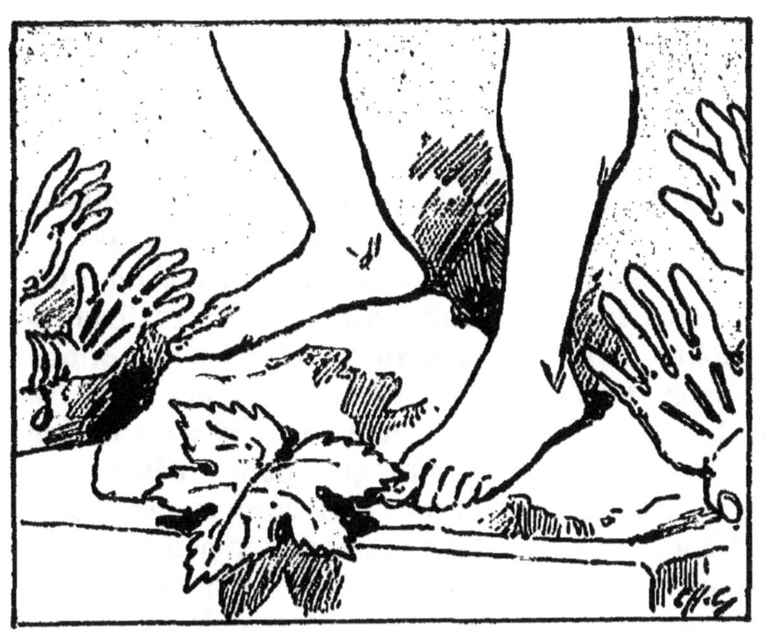

AUTOMNE MONDAIN

I

Il me souvient que vous aimez, comme moi, ma brune amie, la musique d'adieu que font les feuilles automnales dans la solitude des jardins. Celles-ci, pendues encore aux branches, semblent les jouets d'un arbre de Noël précoce, ayant comme un tintement de grelots ou le gazouillement ironique d'oiseaux artificiels. Celles-là, moutonnement fauves entre les bordures toujours vertes des allées, paraissent une toison qui se hérisse ou s'aplanit, tour à tour, sous une main caressante, et leur murmure est celui d'un ruisseau, parfois d'un torrent, qui emporte les gaîtés et les beaux rires au soleil.

Chacune de ces mourantes a sa voix : celle-ci clame des révoltes, et celle-là pleure des élégies.

Vous souvient-il, à vous aussi, de celle qui, entrée par la fenêtre ouverte aux dernières tiédeurs d'octobre, se mit à courir sur la table où nous étions accoudés, tout près l'un de l'autre et nos têtes se touchant, sur le même poème de Mendès dont nous n'interrompions la lecture que pour mêler nos lèvres ? Nos yeux quittèrent le livre en même temps et il nous sembla, à tous deux, que la petite feuille continuait la strophe amoureuse commencée, nous incitant, de sa petite langue d'or, à de nouvelles caresses, et nous montrant son envers, en ayant l'air de nous dire : Ah! pauvres fous que vous êtes, vous ne l'avez pas assez regardé vraiment.

Et, joignant la mimique à la mélodie, elle sautillait, parmi les papiers à demi noircis, les plumes au bec luisant comme celui des corbeaux, l'encrier bâillant comme un caniche de race au palais d'ébène, le petit bouquet de violettes que vous m'aviez apporté, et vos gants de suède lentement défaits sous les ferveurs taquines de ma bouche, retroussant sa petite jupe qui criait comme de la soie et faisant mille contorsions de gitane, lesquelles veulent toutes dire : qu'il est doux d'aimer.

Et comme, le rideau se baissant sur un soleil couchant qui nous aveuglait, l'air n'entrait plus aussi franc par la croisée et n'était plus qu'un souffle sans virilité, la pauvrette se mit à se traîner en gémissant, comme une perdrix blessée, et nous eûmes pitié d'elle ; car il nous semblait qu'elle nous disait la plainte des déclins et des choses pleines de mélancolie pour les amoureux fervents comme nous.

Mais toutes les feuilles ne parlent pas ce poétique langage, ma brune amie, et je vous veux conter une histoire où leur musique retentit d'une bien tragique façon. C'est, sans doute, que vous n'étiez pas là, belle dompteuse de tout ce qui respire, et pour qui la tempête même n'a que des soupirs caressants !

II

Nous sommes, s'il vous plaît, à Bruxelles, dans un de ces hôtels au faste intelligent comme il en faudrait souhaiter beaucoup à Paris. De vrais objets d'art dans un décor digne d'eux. La collection de tableaux de M. Van der Moll était justement renommée et l'on y trouvait plusieurs maîtres français, parmi d'admirables flamands, qui ne sont pas tenus ici dans l'honneur qu'ils méritent. L'excellente musique et les beaux vers n'étaient pas moins aimés que la peinture chez cet amateur éclairé, comme il ne s'en trouve guère que là-bas. Dirai-je encore que ce merveilleux palais était doublé d'une cave — je devrais dire d'un célèbre musée où les plus nobles bourgognes et les plus authentiques bordeaux avaient élu leur domicile provincial. Car les beaux vivants, qui aiment l'art sous toutes les formes, sont aussi de bons vivants, et nos gosiers voyageurs, comme nos yeux émerveillés, gardent un long et un religieux souvenir de leur hospitalité. Il faut passer la frontière aujourd'hui pour trouver sur les pianos autre chose que du Lecocq et autre chose que de l'argenteuil sur les tables. Vivent nos voisins, mordieu ! — au moins ceux qui aiment la France autant que nous les aimons !

Comment un neveu de ce fastueux et aimable M. Van der Moll devait épouser notre compatriote, mademoiselle Agnès de la Hannetonnière, dernière survivante de cette belle race des Cucus de la Hannetonnière, dont j'ai parlé autrefois, c'est ce que je me rappelle fort mal. Et comment mon ami Cadet-Bitard avait-il été invité à l'officielle soirée de fiançailles, c'est ce que j'ai aussi parfaitement oublié. Comme Cadet-Bitard, mon meilleur élève en l'art de vivre, ne perd jamais une occasion de faire un tour en Belgique et d'y aller humer de vrai vin gaulois dans le haut verre flamand, il se pourrait fort bien qu'il eût bassement intrigué pour être de cette fête. Mais son désir d'être reçu chez M. Van der Moll était ennobli d'une prétention vraiment artistique. Celui-ci possédait, en effet, un antique tout à fait admirable et digne des plus beaux Louvres, un Apollon de marbre dont Phidias avait sculpté peut-être les formes harmonieuses et puissantes, un merveilleux et viril modèle de la beauté grecque et dans un tel état de conservation qu'il semblait que le temps eût respecté ce chef-d'œuvre pour consacrer un type immortel. Rien n'y manquait, pas même le signe auguste des perpétuités humaines dans le chaos des espèces disparues. On avait beaucoup parlé à Cadet-Bitard de cette statue sans pareille et le vœu ardent de la contempler à son aise avait été, pour beaucoup, dans son départ.

Dans la première visite de convenances qu'il fit à M. Van der Moll, avant la soirée, il trouva celui-ci quelque peu perplexe, et l'excellent homme n'hésita pas à le consulter sur le cas qui l'embarrassait. Les demoiselles belges du meilleur monde sont habituées à regarder, face à face, les œuvres d'art, sans autre impression possible que la piété qu'elles méritent. Mais il devait venir, le soir, beaucoup de jeunes personnes parisiennes, voire même de nos provinces françaises, où la bégueulerie est plus grande encore, et dont il fallait respecter les curiosités faussement indignées. Et mesdames leurs mères, donc ! On est très bigot dans le milieu des La Hannetonnière, et Molière, lui-même, y est interdit.

Or, l'Apollon superbe que j'ai dit occupait, au salon, une place d'honneur, dans un cadre quasi-monumental dont il eût été absurde de l'arracher et où il se présentait de face dans le légitime orgueil de sa splendeur complète. Le retourner, avait pensé M. Van der Moll ; car il n'était pas moins beau, vu du côté des reins que du côté du ventre. Mais le derrière est aussi bien proscrit que le devant, dans le code étroit des outranciers de la décence qui auraient pu apprendre, dans Diderot, que celle-ci gît surtout dans la nudité. Cadet-Bitard, toujours ingénieux, proposa une hypocrisie bien plus pratique et renouvelée d'Adam. Sur son conseil, on commanda immédiatement une copieuse feuille de vigne en zinc qui fut peinte en blanc, dans le ton même du marbre. Une boulette de cire vierge permit, légèrement échauffée, de la fixer au bon endroit et, sous ce rudiment de culotte, Apollon, surpris, continua de tendre un arc imaginaire, ridicule victime d'un préjugé contemporain. Dans le rayonnement d'une menue monnaie de soleil, faite d'innombrables bougies, lui, le Dieu de la Lumière, dominait comme dans une apothéose dérisoire, perché qu'il était sur un admirable socle d'onyx qui semblait une immense pierrerie.

III

Exquise la soirée de fiançailles. La note brune donnée par les jeunes filles françaises et la note blonde par les petites-filles de Rubens. Une nuit tressée de fils d'or comme le voile du ciel sous le filet des étoiles. Des coulées de miel parmi les flots sombres du Styx. Egales en blancheur, mais de tons différents, avec plus de lys ici et là plus de reflets d'ambre, les épaules semblaient un frisson de vagues nacrées sous cette double saulaie de feuillages d'or et de feuillages obscurs. Et le même parfum captieux montait de toutes ces chairs jeunes où passait, comme des éclairs, la blancheur des dents dans le sourire. Ajoutez à ces séductions vivantes, un orchestre admirable qui les berçait comme la musique d'une mer lointaine. Tout à fait charmante, et vous ressemblant, mademoiselle Agnès, la fiancée, dans un tel effarement de dentelles virginales qu'on eût dit une abeille ayant traversé une toile d'araignée et en emportant les débris délicats à ses ailes. Et toujours, sous son humiliant caleçon de métal, Apollon contemplait ce souvenir des antiques nymphes dont la flûte rustique de Pan dissipait les danses dans les bois inviolés ; et regrettait-il, sans doute, autant que sa propre liberté, la nudité parfaite des faunesses secouant, dans l'air du soir, le gazouillement de leurs tambourins.

Un poète de la jeune école belge, qui en compte d'excellents, dit des vers qui réunirent, autour de lui, tout un monde épris de toutes les belles choses. Comme on l'applaudissait justement, fort imprudemment notre Cadet-Bitard passa par là et, comme on le savait rimeur à l'occasion, on lui demanda de réciter aussi quelqu'une de ses œuvres. Plus imprudemment encore, il ne se fit pas prier, et, en élève convaincu de l'immortel Trissotin, s'étant mis en belle position déclamatoire, les cheveux en arrière et l'œil perdu dans l'immensité problématique, il dit ceci, s'adressant aux jeunes filles :

SONNET CHASTE

Claire, Agnès, Héloïse, Adèle,
Fronts liliaux, cœurs en péril,
Sur l'arbre en fleur de votre avril
Le Printemps met comme un bruit d'aile.

Cependant qu'au zéphyr fidèle
Le lys tend l'or de son pistil,
Ce trouble charmant, d'où vient-il,
Que la vierge sent au fond d'elle?

Je sais le secret, quant à moi,
De ce délicieux émoi,
Et si les mères de familles

Écoutaient mes avis discrets,
Aisément je leur montrerais
« A quoi rêvent les jeunes filles ! »

Dzing ! Un bruit sec et métallique. Tout le monde se retourne dans la direction du doigt encore tendu de Cadet-Bitard qui prolongeait sa pose inspirée. Ce doigt montrait le milieu de la statue d'Apollon que le poète semblait prendre à témoin de son lyrique transport. C'est de là aussi qu'était parti le bruit. Et ce bruit malencontreux ? Celui de la maudite feuille de vigne en zinc tombée sur le socle sonore d'onyx, la boulette de cire vierge qui la retenait ayant fondu, par suite de la température du salon surchauffée par les lumières. Le dieu, délivré de son pantalon, souriait olympiquement, augustement cynique, et les petites demoiselles françaises mettaient leurs petits doigts sur leurs yeux, mais de façon à ne les pas trop serrer. Quelques mères indignées hululaient comme de vieilles chouettes. Cadet-Bitard, qui avait positivement paru présider, avec une baguette magique, à un truc de féerie et dont le dernier vers avait si malencontreusement donné le signal à un invisible machiniste, ne savait où se fourrer. L'excellent M. Van der Moll faisait des excuses à tout le monde.

Et Apollon souriait, souriait toujours, fier d'être vu et de porter le signe auguste des perpétuités humaines, dans le chaos des espèces disparues.

MARCHE A L'ÉTOILE

MARCHE A L'ÉTOILE

I

Dix heures du soir, — d'un de ces soirs parisiens où, en février déjà, les chaleurs vitales de la circulation et la respiration tiède de la grande cité donnent, mieux qu'à la campagne même, l'illusion du printemps prêt à venir. Dans un air que de légères fraîcheurs traversent seulement, l'haleine des jacinthes, des anémones, des violettes et des premières giroflées que des jardins ambulants ont promenées, tout le jour, par les rues. Un ciel très fin, gris plutôt que vraiment bleu, sans lune, avec une lumière diffuse et pareille à une brise. Au-dessous, la constellation pisseuse des becs de gaz plus jaunes encore par le dépit qui leur est venu de voir la divine Electricité planter déjà, çà et là, dans l'ombre, les pointes d'argent de ses flèches. Le quartier de Paris le mieux peuplé de souvenirs pour ceux qui aimaient, à vingt ans, les amours faciles, pied du Calvaire où les a autrefois crucifiés le désir, et qui commence au chevet peu majestueux de Notre-Dame-des-Lorettes, dont l'aspect tout païen n'est pas pour inviter les Madeleines au repentir.

C'est dans ce carrefour jadis plein de tentations, succursale évidente de l'ancienne cabane de saint Antoine, comme l'affirme encore l'arome des charcuteries tard ouvertes, que Cadet-Bitard, un fauteuil d'orchestre de l'Opéra dans sa poche, dont il n'avait pas eu le courage de se servir, flânait, sa cigarette aux lèvres, quand, d'une voiture qui s'engageait dans la rue des Martyrs, un regard de femme, à peine entrevu, lui fut comme un aimant mystérieux. Ce point brillant l'avait ému comme le passage d'une étoile — qui n'a trouvé souvent cet enchantement despotique et subit dans les yeux d'une femme inconnue? — D'invisibles attirances l'enveloppaient comme d'un filet, lui caressant les moelles comme une mousseline de Nessus. Malgré lui, il courut pour rejoindre le fiacre et regarder mieux à la portière, croyant d'abord aux effluves obscurs d'une ancienne tendresse. Le destin eut pitié de lui. La raideur de la montée mit bientôt le véhicule au pas, mais celle qui l'habitait intérieurement s'était si bien recroquevillée dans le fond qu'elle n'était qu'une masse noire qu'illuminait cependant toujours une seule étincelle, la flamme d'une prunelle où semblait rayonner un grain de poussière du ciel. Alors, tandis que le cheval tirait malaisément sa charge sur le pavé gras, une fumée aux naseaux et à la naissance de la croupe — ce qui convainquit encore davantage Cadet-Bitard que celle qui était là dedans n'était pas un pur esprit et lui mit aux sens une belle fièvre de chair dodue, — il tomba dans le monde des conjectures, cherchant à deviner, interrogeant ce sphinx, fouillant ces vivantes ténèbres. Et il lui parut que, pareil aux mages et aux bergers du chemin de Bethléem, un astre le guidait vers quelque Dieu enfant — l'Amour, sans doute — vers quelque crèche ayant la forme d'un bon lit dans une étable sentant plutôt la poudre de riz que le foin sec. Or, bien vite trouva-t-il une douceur infinie à ce pèlerinage vers l'inconnu, dans ce voyage à l'aventure sous le dôme clair de la nuit, tout plein de rêves charnels et d'adorations mystiques. Lentement, pas à pas, il suivait son obscure destinée cahotée çà et là par le mauvais état d'un chemin qui ne mène pas précisément à l'Hôtel de Ville les conseillers municipaux.

Était-elle brune comme il le souhaitait ardemment? ou blonde comme il l'aurait tolérée avec une résignation joyeuse? Était-elle hautaine comme une duchesse ou avenante comme une soubrette de comédie? L'hypothèse qu'elle fût vertueuse ne souillait seulement pas son imagination. Mais où allait-elle ? L'aimerait-elle tout de suite, ou demain seulement pour se faire souhaiter un peu davantage

Après un dernier effort du coursier auréolé de vapeurs, le fiacre tourna à gauche, dans la rue si injustement inhospitalière à la mémoire de Victor Massé ; puis, emporté par quelques secondes de trot, s'arrêta dans le halo que projette sur la chaussée l'antre du magicien Salis, où chante l'archet tzigane de Sivry, où pleure, pour les délicats seulement qui croient à l'immortalité, l'ombre de Mac-Nab mal déshabituée encore des cruelles douceurs de vivre.

L'inconnue descendit, bien emmitouflée et ne laissant entrevoir qu'une cheville délicieusement fine, le bas d'un mollet appétissant, un pied d'une cambrure impertinente. Le suisse qui veille au seuil de la chapelle s'inclina, en sonnant de la canne ; puis ce fut un frisson de jupes dans le petit escalier tournant, un parfum très doux de fille soignée, le vide mélancolique qu'une apparition laisse derrière soi.

— Foutre ! pensa Cadet-Bitard. Comme j'aurais mieux fait de prendre un billet pour le Chat Noir que pour l'Opéra !

Et lui aussi plongea dans la spirale, qui le tire-bouchonna jusqu'au sanctuaire interdit aux profanes sur les pas de la vision disparue.

Nouvelle gentillesse du destin à son endroit ! Il restait une place, une seule, — comme toujours — et auprès de celle qu'il lui était enfin donné de contempler dans la sincérité de sa beauté sans voilette et sans manteau importuns.

II

Il ne regretta pas sa folle course. Ce regard, subtil, rapide et mortel comme une flèche, dont il s'était senti comme traversé, éclairait une créature digne, en tous points, de ce phare. Car tout rappelait, en elle, la mer d'où jaillit autrefois Vénus et qu'illuminent des feux lointains pareils à des astres : le tumultueux retroussis de sa belle et lourde chevelure envolutée comme une vague, la nacre de ses dents qui semblaient le fond d'un coquillage ourlé de rose ; le flux et le reflux harmonieux de sa gorge qu'un souffle intérieur enflait comme une double voile blanche ; mais ces yeux surtout, ces yeux céruléens, phosphorescents, délicieusement profonds et perfides comme les gouffres dont le fond roule une poussière d'émeraude. De façons plutôt impérieuses que caressantes, elle ne semblait connaître personne. Le pauvre Cadet-Bitard tremblait comme une feuille en s'asseyant auprès d'elle. Il faillit s'évanouir aux tiédeurs embaumées qui lui vinrent de ce corps charmant tout proche du sien, tant les sièges étaient serrés les uns contre les autres. Il n'osait respirer de peur de chasser ce souffle dont il se sentait grisé.

Et le programme suivait sa course fantaisiste à travers les belles rimes de vrais poètes, les chansons aimablement libertines ou gouailleuses, les imitations de Belge et d'Anglais, le tout scandé par les prodigieux boniments du seigneur de céans.

Puis quelques mesures plus solennelles, l'obscurité subite et la toile du mignon théâtre se relevant sur ce curieux mystère en ombres chinoises dont Fragerolle a fait le motif d'un véritable et émouvant oratorio. Pendant que la voix chaude du compositeur, grave et vraiment religieuse, appelait tour à tour les bergers, les mages, puis les soldats, puis les lépreux au pied de la crèche dont l'étoile leur montrait le chemin, notre Cadet-Bitard sentit se réveiller, plus ému et plus vivant, son rêve de tout à l'heure. *Et Verbum caro factum est.* Il vivait sa vision ressuscitée. Et, l'Amour étant le seul culte éternel, ce fut un cours plein de tendresses infinies que prirent ses pieuses méditations. Très chastement il fit de longues dévotions à l'autel qui s'était soudain dressé devant lui, le frôlement indifférent du bout des doigts devint un furtif serrement de main. Ce n'est plus par hasard que les haleines se rencontrèrent et, cette belle musique donnant des ailes à son désir ennobli, il se sentit un instant plus haut que la terre et il lui sembla qu'il allait monter jusqu'à l'étoile à moins qu'elle ne descendît jusqu'à lui. Qui dira le secret de ces minutes délicieusement passionnelles, qui nous viennent d'un beau souffle artistique, d'une inspiration sincère et élevée? Cadet-Bitard eût voulu offrir à sa muette bien-aimée tous les présents que les mages apportaient entre leurs bras, et jeter devant ses pas son propre cœur avec les toisons des bergers. C'est en lui qu'il portait le Dieu que venaient saluer tous les hommes, et son âme était comme un temple où fumaient d'invisibles encens. Il marchait, il marchait toujours à la suite de l'étoile, dans l'enchantement de son rêve, plein d'hosannas sur les lèvres qui ressemblaient beaucoup à des baisers.

Leurs bouches étaient si près l'une de l'autre qu'on n'eût pas pu glisser, entre elles, un pétale de rose.

III

Le petit théâtre est traversé d'un éclair. Un bruit sinistre imite la foudre. Le riant décor s'est effondré et le calvaire se dresse dans sa triple horreur que domine la silhouette d'un Dieu. *Eli! Eli! lamma sabactani!* pleure la voix lointaine des anges. Cadet-Bitard se trouve le cœur étrangement étreint par ce gémissement. La salle s'illumine à nouveau. Subitement sa voisine s'est levée, en l'écartant, et ses yeux, ses yeux de magicienne, se sont dirigés vers la porte où, en suivant la direction de son regard, notre malheureux ami aperçoit, lui faisant des signes, un gros monsieur rondouillard d'une tenue indécemment *select*, suant le financier à faire mettre toutes les mains dans les poches, horriblement déplacé dans ce joli coin de Bohême dont la muse capricieuse de Willette a décoré le paysage. Tous les chats peints sur les murs faisaient de mauvais yeux ronds à cet intrus, et les Pierrots indignés levaient leurs escarpins dans le sens de son haut-de-chausse. L'imbécile, lui, avait été à l'Opéra, et venait chercher sa maîtresse, pendant que Ritt et Gailhard comptaient la recette et cherchaient ensemble celle de couper en quatre un maravédis.

Pauvre Bitard! C'est ton calvaire aussi, à toi, qui t'apparaissait, au bout de ce délicieux chemin où t'avait guidé la flamme immortelle de l'Amour, celle qui montre la route du ciel!

Durant qu'un carrosse sérieux, annoncé par d'authentiques laquais, emportait la perfide vers la couche monstrueuse de son ridicule concubin, Cadet se laissa tomber sur une chaise, plein d'une véhémente mélancolie, et, tout bas, pria-t-il le doux Sivry de lui jouer, pour le consoler, quelqu'une de ces czardas qui, elles aussi, semblent l'envolée d'une douloureuse espérance. Et je vous parie Ritt contre Gailhard, ou tous les deux contre un sou, qu'il se mit à pleurer tout doucement dans sa chope, ce qui lui fit trouver la bière plus légère, cependant que le compatissant musicien faisait revivre pour les fervents l'âme idyllique et tragique tout ensemble de Pattikarus.

Après quoi il demanda à Sarcey qui, lui aussi, était venu entendre la Marche à l'Étoile, le franc brin de plume qui ne le quitte jamais, et la trempant dans une encre de la très petite vertu qu'une comédienne de Montmartre, qui venait d'écrire à son amoureux, avait devant elle, il rédigea, séance tenante, ce nouveau sonnet fantasque qu'il dédia à Fragerolle, tout naturellement:

MARCHE A L'ÉTOILE

Vivre trop tard est grand dommage;
Que n'ai-je été des pèlerins
Qui vinrent, sous les cieux sereins,
Au petit Jésus rendre hommage!

Humble berger plutôt que mage,
Sans l'accabler d'aromes vains,
J'eusse aimé, sur ses pieds divins,
De l'idéal baiser l'image.

Mais, pour les cocus de mon temps,
Il n'est plus d'astres éclatants
Qui de la Nuit percent le voile.

Mains pleines et cœur indigent,
Tristes gueux, courez à l'argent!
— Moi, je marche encore à l'Étoile!

LE PETIT NESSUS

LE PETIT NESSUS

I

Comment notre doux Cadet-Bitard avait connu la charmante madame Adélaïde Cornefesse, laquelle il devait aimer durant plusieurs mois, c'est une histoire citadine et de vie quasi-provinciale qui mérite d'être contée. Mais d'abord connaissez-vous Belleville, autrement que par les calomnies des boulevardiers, par les romans exquis de Paul de Kock, par exemple, qui en fut le Virgile ? Une merveille tout simplement que ce faubourg tout rempli de jardins autour de maisonnettes souriantes à travers leur guipure fleurie de clématites et de volubilis. Et de tout petits rentiers dans ces villas de sages, semblant, sous leurs paletots noisette, de tranquilles hannetons en train de compter — non pas leurs écus, puisqu'ils sont pauvres — mais toujours le même écu qu'ils font sonner, pour se donner l'illusion de la richesse. Tout est patriarcal dans ce coin de Paradis perdu. Dans les établissements de bains, par exemple, les ménages sont accueillis avec un sourire hospitalier et de vastes cabinets à deux baignoires, économiques autant que spacieux, sont mis à la disposition des époux. Ainsi sont favorisées tout ensemble la propreté et les amours légitimes. On reçoit même des enfants dans ces succursales de la chambre nuptiale, et c'est plaisir à les entendre barboter dans l'eau tiède, durant que leurs parents admirent ces petits singes mouillés faits à leur image.

Par une journée d'hiver ensoleillée, avec de menus frimas pendus aux toits brillants comme les morceaux d'un miroir brisé, dans un effarement de moineaux surpris et battant des ailes, en philosophe suburbain qu'il est, échappé des portiques péripatéticiens, notre Cadet perambulait dans ce quartier, quand, au fond d'un véritable berceau de verdure vivace, la petite porte aux vitraux de couleur d'un de ces thermes hospitaliers le séduisit par son délicieux parfum bourgeois. Le bain est la grande ressource des inoccupés. J'y joignais autrefois la coupe des cheveux quand je ne savais comment passer le temps; mais la nature jalouse ne me permet plus cet innocent plaisir. Cadet-Bitard se dit qu'une bonne demi-heure d'eau tiède, avec la cigarette aux lèvres, serait vite et agréablement passée. Prise de la même idée, certainement, ou cédant à la régularité des habitudes de la petite vie, une dame s'engouffra, derrière lui, dans ce bucolique couloir, et arriva au comptoir de l'établissement sur ses talons, si bien que l'excellente caissière qui distribuait les tickets balnéaires, trompée par l'air tout à fait honnête de notre ami, — vous n'avez pas oublié que Cadet-Bitard a la façon d'un notaire de Montélimar — leur dit sans hésiter :

— Une salle à deux baignoires, n'est-ce pas?

Cadet, qui avait eu le temps de regarder en dessous sa voisine, répondit avec un énorme aplomb :

— Je vous crois !

Et, avant que la dame, ébouriffée de cette audace, ait eu le temps de protester, il avait réglé le prix des deux ablutions et remis à la bonne les deux cachets.

L'inconnue, toute rouge, le suivit machinalement dans le long couloir et, arrivée à la porte du cabinet :

— J'espère, monsieur, fit-elle, que cette plaisanterie va finir.

— Pas de scandale, madame! lui répondit tout bas Cadet-Bitard. Pourquoi apprendre à ces gens-là que nous ne sommes pas mariés !

De rouge, madame Cornefesse — car c'était elle — devint blanche comme un fromage à la crème. Passer pour ne pas être mariée! Entendre dire, peut-être, sur ses pas, dans la rue : « Vous voyez cette personne ! Eh bien, c'est tout simplement une concubine ! » Il faut savoir l'estime où les gens de banlieue tiennent encore le mariage pour comprendre combien ces simples mots, jetés en l'air par un impertinent, avaient dû troubler la pauvre madame Cornefesse. Faire cocu son mari, bien ! A tire l'haricot ! comme disent les joyeux artilleurs en chambre ! Mais passer pour ne pas être mariée !

— Soit, fit-elle sèchement à Cadet-Bitard toujours obséquieux, je vais entrer avec vous. Mais vous n'y gagnerez rien !

Et elle commanda, tout de suite, quatre peignoirs et onze serviettes.

— C'est madame Sardanapale et Lucullus ! pensa la bonne en obéissant.

Cette énorme lingerie arrivée, madame Cornefesse, sans dire un mot, tendit une ficelle, qu'elle avait demandée également, entre la tige de fer qui soutenait le rideau de mousseline de la croisée et le coude de la sonnette placée au-dessus de la porte. Puis elle y suspendit peignoirs et serviettes, de manière à interposer, entre les deux baignoires, un velum interdisant toute communication visuelle.

Avec un sentiment exquis des convenances, Cadet-Bitard attendit que ce petit ouvrage fût terminé pour retirer son haut-de-chausse. Tous deux entrèrent dans l'eau, en même temps à peu près, sans s'être dit un seul mot. Alors seulement Cadet-Bitard commença la conversation, comptant sur les ressources naturelles de son esprit pour rompre cette glace. Le fait est qu'après être demeurée muette un bon quart d'heure, madame Cornefesse, qui était bavarde comme il convient, commença de donner la réplique. Cadet lui avait raconté des choses bien drôles et il l'avait entendue rire, aux clapotements de l'eau sur sa poitrine agitée. Un quart d'heure encore et ils étaient excellents amis. Cadet, dont l'imagination était très surexcitée par l'impression de cette nudité voisine, avait dans la voix et pour dire les choses les plus banales en apparence, des supplications qui eussent attendri un rocher. Madame Cornefesse n'en était un que par certains reliefs miraculeusement durs. D'un commun accord, on écarta le rideau artificiel dans une partie de sa longueur. Quel mal puisque, tant qu'on était dans l'eau, on ne se pouvait voir que le visage? Celui de madame Cornefesse, sa colère une fois passée, était le plus souriant du monde, éclairé par deux yeux vaguement teintés d'améthyste, casqué d'une belle chevelure châtaine aux tons changeants et ayant des reflets d'un brun ardoisé comme les gorges des pigeons, une grenade entr'ouverte aux lèvres montrant des pépins blancs comme du lait. Ah! comme l'impatient Cadet en aurait voulu voir davantage! Eh bien, ce bonheur lui fut donné, l'intimité des esprits étant devenue telle, entre eux, qu'ils ne réinstallèrent pas l'inutile barricade pour sortir de la baignoire. Cadet-Bitard faillit tomber en pâmoison devant l'avalanche de blancheurs qui débordait de la métallique cuvette. Un poème idéal, le corps de madame Cornefesse, avec un frisson d'azur courant par cette belle chair réjouie. Sédentaire, comme toutes les petites bourgeoises, elle avait conquis dans la paresse un pétard glorieux comme Napoléon après ses victoires, capitonné de graisses savoureuses qui le mamelonnaient en l'emplissant à le faire craquer. Et comme Cadet-Bitard n'était pas mal fichu non plus, académiquement parlé, ils connurent les délices ineffables, renouvelées des antiques oaristis, de se parler d'amour dans la sincérité d'une admiration éclairée sur leurs propres mérites, dans l'honnêteté rudimentaire d'un costume qui ne leur permettait pas de s'en faire accroire l'un à l'autre. — « Ce n'est pas : chat en poche, mais : chat en l'œil que je vous prends pour bonne amie ! » s'était écrié l'auteur des *Sonnets fantasques* enthousiasmé. Et, nonchalante délicieusement, elle lui avait permis tout ce qu'il avait voulu, le tenant par avance, tous deux se réchauffant sous le même peignoir, pressés l'un contre l'autre, comme deux oiseaux frileux sous le même coin de toit.

II

Et le lendemain, proclamant une vérité incontestable et utile à la morale, Cadet-Bitard écrivait, sur ses tablettes lyriques, cette noble et juste pensée :

MAUVAIS MÉNAGE

C'est grand dommage, en vérité,
— Le secret des cocus peut-être —
Qu'on couche ensemble, sans connaître
Sa réciproque nudité.

A l'hymen serait évité
Le plus grand des maux qu'il fait naître,
Si chaque époux montrait son être,
A l'autre, avec sincérité.

Le nom, l'argent et la toilette
Ne font pas une dot complète.
Mieux vaut qu'il y manque un écu

Ou le blason d'une marquise,
Que l'appoint d'une gorge exquise
Et le fier trésor d'un beau cul.

Et comme il avait raison!

III

Une vie bien douce avait immédiatement commencé pour nos deux amants. M. Cornefesse, dont nous n'avons pas encore parlé, était le cocu idéal qui ne gâte rien — au contraire! D'une longue carrière dans la bonneterie, il avait gardé, avec une toute petite aisance, des habitudes d'une régularité tranquillisante et parfaite. Tous les soirs, à huit heures, il allait faire sa partie de dominos au café Guignevent et rentrait à minuit sonnant seulement. Et quelle rentrée pleine de tact dans son mystère voulu! Pour ne point éveiller sa femme, — n'ayant rien à lui conter pour justifier ce réveil — il éteignait la bougie avant de pénétrer dans la chambre, et, sournoisement, sans avoir fait le moindre bruit, se glissait dans la tiédeur des draps que deux personnes avaient pris grand soin de bassiner pour lui. Car vous pensez bien que Cadet-Bitard ne quittait qu'à minuit moins un quart le lit complaisant de l'adultère. Et, encore, y rentrait-il quelquefois, à la dernière minute, comme s'il y avait perdu quelque chose, mais en réalité pour mettre, sous forme de baiser, un point sur l'*i* du mot : adieu, que dame Cornefesse avait écrit où vous voudrez.

Or, ce soir-là, il n'était pas neuf heures, et l'*a* du mot fatidique n'était pas même encore tracé, quand on entendit distinctement, — et avec effroi, — dans la serrure d'en bas, tourner la clef du bonnetier qui rentrait trois heures à l'avance, sans en avoir été prié par personne.

Que s'était-il donc passé, bon Dieu! Eh bien, M. Cornefesse, entre un double-as et un double-six, avait été subitement pris d'une quinte de toux, et, comme une grippe fort pernicieuse sévissait en ce temps-là, son partenaire, le docteur Foudrailles, lui avait ordonné d'aller se coucher au plus vite après s'être posé, sur la poitrine, un large thapsia. Ce thapsia, le doux Cornefesse avait été l'acheter immédiatement chez l'apothicaire Courtebite et le rapportait pour obéir incontinent à la Faculté.

— Ah! mon Dieu! murmura la pauvre madame Cornefesse.

Cadet-Bitard avait immédiatement sauté du lit et s'était réfugié derrière le fauteuil au haut dossier sur lequel il avait posé, tout au pied de la couche, son pantalon qui ne faisait qu'un avec son caleçon, tant il avait eu hâte de se déshabiller. Impossible de bouger pour éviter le moindre bruit.

Fort heureusement l'ex-bonnetier fut fidèle à son ordinaire méthode. Il éteignit sa lumière avant de rentrer et, se disposant à se mettre au lit, il posa le thapsia grand ouvert, sur le meuble qui en était le plus près et dont il savait, même à tâtons, la place accoutumée.

— Mon ami, murmura douloureusement la voix de madame Cornefesse, ne me pourriez-vous aller chercher un verre d'eau sucrée en bas? Je meurs de la migraine. Mais surtout n'allumez pas. Car la lumière me ferait un mal horrible aux yeux.

— Pauvre chérie! clama le doux bonnetier.

Et, vite, il disparut pour aller chercher ce qui lui était demandé.

— Filez vite! et à demain.

Cadet enfila fiévreusement sa culotte et son caleçon du même coup, fourra sous son bras le reste de sa défroque, et, connaissant à merveille les êtres de la maison, alla regagner l'escalier par une autre porte. Un instant après, il était dans la rue et madame Cornefesse priait son mari d'ajouter un peu de cognac à son grog pour en accentuer le pouvoir réchauffant, tandis que celui-ci pestait de ne pouvoir retrouver son emplâtre.

IV

Il n'était pas dix heures quand Cadet-Bitard se trouva inopinément rentré dans la vie parisienne. Il prit le premier omnibus venu et qui le ramènerait, en descendant, dans un quartier moins excentrique. Il lui parut bien un peu que le mouvement de la voiture lui brûlait le derrière ; mais il attribua cet effet au mauvais pavage de ces voies dont l'administration ne s'occupe qu'en temps d'élections. Une fois sur le boulevard, il commença de s'y promener à pied en fumant un cigare. Le sentiment de cuisson persistait et semblait même s'exaspérer par la marche. Alors Cadet-Bitard entra chez Tortoni dans le but hypocrite d'attraper au passage quelque mot éclatant d'Aurélien Scholl qui y tient souvent les assises de l'esprit français. Mais il ne put tenir en place. Décidément quelque chose lui collait douloureusement au séant. Est-ce que l'émotion d'un départ aussi précipité ?... Il se connaissait trop et était trop sûr de lui-même pour s'arrêter, même un moment, à cette fâcheuse idée. Il sauta, mélancolique, dans un fiacre où la démangeaison redoubla. Enfin, rentré chez lui, il se dévêtit à la hâte, et se découvrit une magnifique affiche Le Perdriel posée au plus rond de sa personne, le sacré thapsia de Cornefesse que celui-ci avait été juste étaler, sur le fauteuil, au fond de ses chausses !

L'excellence du produit se manifesta par une action foudroyante. A minuit, Cadet-Bitard était fleuri, du derrière, comme un jardin printanier, et jamais rosier de Bengale, en espalier, n'avait présenté une aussi copieuse collection de boutons. Il en eut pour plus d'une semaine à ne pouvoir s'asseoir.

— Juste châtiment de l'adultère ! vous écrierez-vous.

— Allons donc ! C'est, pour nos amants, l'occasion

d'un redoublement d'attentions délicates où s'affirme, dans le dévouement, leur réelle et solide tendresse. Il faut voir cette bonne madame Cornefesse saupoudrer d'amidon le fessier du bien-aimé. Ce leur est même une source de plaisanteries joyeuses. Hier, comme elle sucrait ce gâteau vivant plus abondamment encore que de coutume, Cadet poussa un petit soupir qui effaroucha toute la poudre blanche et en renvoya au visage de l'adorée, si bien que celle-ci lui apparut dans le marmoréen éclat d'une déesse descendue, pour lui sourire, des collines épuisées de Paros.

BIS IN IDEM

14.

BIS IN IDEM

I

Vous pensez, bonnes gens, si mon ami Cadet-Bitard lit l'*Echo de Paris* où ses modestes gloires sont célébrées. Il ne manquerait, pour un empire, ni une des délicieuses petites odes de Théodore de Banville, ni un des contes si amoureusement subtils de Mendès. Quant aux maximes d'Alexandre Dumas, il les apprend par cœur et proclame que Larochefoucauld n'a pas mieux fait. Devant celle-ci, en particulier, il est demeuré rêveur une journée pleine — *a custodia matutina usque ad noctem* — comme dit le psalmiste : « Les brunes trompent et les blondes trahissent. » Un voyage rétrospectif au pays de ses propres souvenirs lui permit de vérifier l'exactitude de cet adage. Ce genre d'excursion dans notre passé passionnel a toujours des charmes, lors même que c'est la main froide de la désillusion qui nous y conduit. Pour amère qu'elle soit, elle n'en a pas moins sa douceur, l'évocation des belles images où s'est complu notre pensée, où notre désir s'est pris comme dans un lacet cruel et délicieux. Je plains celui à qui une malédiction vient sur les lèvres quand, dans sa mémoire, défile, couronné de chrysanthèmes automnaux et de lys printaniers brisés aux doigts, le cortège des amoureuses d'antan. C'est des baisers pleins de ferveur et pleins de pardon qu'y sent monter celui qui estime que le bonheur accordé dépasse toute souffrance et ne se doit oublier jamais. Au point de vue purement physique, c'est un rayon de soleil qui nous descend dans l'être avec l'impression rajeunie des formes autrefois caressées. Cadet-Bitard accomplit donc son pèlerinage en arrière avec une mélancolie résignée et même parfois une pointe de bonne humeur. Tout naturellement il s'attacha surtout à ses dernières tendresses, les plus vivaces encore dans son cœur et dont tout était encore présent pour lui. Il est certain que la belle Juliette l'avait trompé avec son ami Marcel et que la jolie Marguerite l'avait trahi pour son ami Claude. La première avait paru subir, sans résistance, et même avec une certaine joie, une passion nouvelle et vraisemblablement sincère. Elle n'avait pas nié quand tout avait été découvert. Mais la seconde y avait mis une perfidie spéciale, une lâche coquetterie, tout ce qui constitue la trahison. Ce Claude ! Elle avait toujours fait profession de le haïr. Elle refusa d'avouer jusqu'au bout. Or, Juliette était brune et Marguerite blonde. A son livre de sonnets Cadet-Bitard avait ajouté, à leur occasion, celui-ci, infiniment moins folâtre que tous les autres :

DOLOROSA

Chair de la Blonde, neige en fleur
Que d'or un Pactole a semée,
D'une odeur fauve parfumée
Qui met, dans l'âme, une saouleur;

O chair de la Brune, pâleur
De lune au fond du ciel pâmée,
Marbre, qu'en sa grâce animée,
L'aube d'argent mouilla d'un pleur ;

Cheveux de Brune, — ô soir sur l'onde !
Soleil sur l'eau — cheveux de Blonde !
Flots divins, emportez mon cœur.

Une et diverse dans ses charmes,
Votre beauté cause nos larmes,
Brune et Blonde au regard vainqueur !

Maintenant, sa méditation portait sur cet autre point. Lequel vaut-il mieux, être trompé ou trahi ? Être le martyr d'une fatalité que l'être qui vous trompe subit comme vous, ou le jouet d'une fantaisie cruelle dont l'auteur volontaire savoure l'iniquité ? Souffrir par la femme ou souffrir pour la femme ?... Étant donné que la fragilité est le fond même de l'être féminin, on ne lui en peut vouloir de tromper. On aurait plus de droit de le haïr pour les souffrances qu'il impose, par caprice, et dont il ne prend pas sa part. Mais, je le répète, la femme qui vous a donné l'infini dans le plaisir, qu'elle vous trompe ou qu'elle vous trahisse ensuite, mérite la même absolution et c'est cette générosité qui grandit beaucoup l'homme au-dessus d'elle.

II

— Sacré nom de Dieu ! conclut Cadet-Bitard, ce serait pourtant plus agréable de n'être ni trompé ni trahi. Le moraliste n'a pas parlé des châtaines. Serait-ce donc que, seules, elles sont susceptibles de fidélité ? Il y en a d'exquises, voire même il y a encore des rousses adorables que la maxime a respectées. Mais je les garde pour la bonne bouche, comme on dit. Elles évoquent en moi l'impression d'un festin subtil de venaison et j'ai souvent fait le rêve bucolique d'en poursuivre quelqu'une, chasseur comme Actéon, par quelque grand bois d'automne dont elle semblerait emporter toutes les feuilles rouillées dans sa fauve chevelure. C'est en pleine nature, sous la chaude caresse d'un zéphyr chargé d'aromes sauvages, que j'eusse aimé posséder une rousse dans les blancheurs éperdument laiteuses de sa nudité. Dans l'or rouge de sa toison j'aurais plongé mon front et ma main, une prêtresse du dieu Pan m'apparaissant dans cette créature douce et farouche dont l'étreinte se serait refermée sur moi, comme un voluptueux tombeau. La châtaine, au contraire, est charmante sous le mensonge du vêtement. Elle est, pour ainsi parler, moderne et faite pour les amours un peu bourgeoises, les seules honnêtes, sans doute. Elle a une façon décente de danser la contredanse dans le monde et de tendre l'eau bénite, du bout de son gant de Suède, à la porte de l'église. Créature de transition qui doit inspirer des passions particulièrement sages. Essayons-en.

Et, deux jours après, notre ami Cadet-Bitard avait avoué sa subite tendresse à madame des Engrumelles, une charmante veuve dont le monde n'avait jamais médit et en qui se sentait cependant une âme aimante et difficilement résignée à la solitude. Clarisse — c'était son nom — fréquentait dans une compagnie où toutes les femmes n'étaient pas irréprochables, mais où aucune cependant n'avait jeté son bonnet de considération par-dessus les moulins au point de ne pouvoir le rattraper. Cadet-Bitard pouvait donc soupirer sans être obligé de promettre le mariage, ce qui donne un tel poids aux soupirs des amoureux qu'on pourrait croire qu'ils sont en train de fendre du bois. La veuve ne se montra ni farouche, ni insensible, ni inutilement coquette. Avec une simplicité infinie, elle se laissa aimer, et avec un abandon du meilleur goût, aima-t-elle de même. Au moins, Cadet-Bitard n'avait-il aucune raison de douter de sa tendresse. Car, tout ce que peut accorder une maîtresse à l'amant qu'elle chérit le mieux, elle le lui donnait avec une joie partagée.

Et ce n'était pas un médiocre présent, je vous le jure, que les baisers de cette jolie bouche, très rouge, et un peu charnue sur la blancheur nacrée de petites dents festonnées comme celles des jeunes chiens; que l'enveloppement tiède de ces beaux bras de déesse dont l'ivoire vivant était délicieusement veiné d'azur; que le long toucher, dans la moiteur parfumée des draps, de ces seins jeunes et roses comme deux pommes du paradis terrestre, de ces hanches satinées aux reflets d'ambre dans les rares et marmoréens replis... que bien d'autres choses encore dont notre Cadet-Bitard jouissait en connaisseur que le plaisir n'a pas blasé. Et la teinte de ses cheveux ? Une coulée d'ombre sur un ruisseau plein de soleil, des bruns clairs et des blonds foncés se mariant dans un ton d'une finesse infinie. Et la couleur des yeux ? Indéfinissable absolument, mais pleine de mystère et de pouvoir pénétrant. Le ciel plein d'étoiles reflété dans une source au fond de sable d'un jaune de giroflée.

— Au diable les bruns et les blondes ! pensait le pétulant Cadet-Bitard. Je tiens maintenant le paradis.

III

Comme il n'avait pas coutume de rompre avec ses amis, quand ceux-ci lui avaient volé ses maîtresses, — en quoi il était aussi sage que magnanime, nos amis ayant appris le métier d'être hommes longtemps avant celui d'être amis, — Marcel et Claude n'étaient nullement sortis de sa vie. Le premier était brouillé depuis longtemps avec Juliette et le second avec Marguerite. Cadet-Bitard pouvait dire du mal de l'une et de l'autre avec eux, ce qui est toujours une consolation. La charmante Clarisse voyait Claude avec plaisir, mais elle ne pouvait sentir Marcel. Elle faisait des moues épouvantables à Cadet quand il le recevait. Mais Cadet n'avait jamais souffert que ses amours empiétassent sur ses anciennes affections. Il avait le respect des vieilles camaradèries. Marcel et Claude étaient ses plus vieux compagnons de classe et il avait le fanatisme assez ridicule du *De Viris* appris en commun. Il était d'ailleurs trop sûr de Clarisse pour avoir la moindre défiance à l'endroit des deux gaillards dont l'un avait profité des faiblesses fatales de Juliette et l'autre des caprices coupables de Marguerite.

Le jour de sa fête, — la Saint-Cadet, qu'on ne trouve pas plus que la Saint-Armand dans le calendrier, — il pensa que réunir ses deux meilleurs amis et sa maîtresse adorée dans un joli petit festin était la réjouissance intime et de bon goût tout indiquée.

Il fit les choses en homme de bonne compagnie. Un dîner d'une finesse ! Des perdreaux du Berry, un foie gras Toulousain, des raisins du clos Grosclaude, à Montigny. Cadet avait préparé une surprise qui ne venait pas. Impatient, il sortit entre le foie gras et le raisin. Comme il remontait l'escalier du restaurant, disparaissant sous une botte de fleurs, il entendit distinctement une paire de gifles dans le cabinet où il avait laissé Clarisse et ses deux amis. Le giflé était Marcel, que Claude avait surpris se livrant sous la table à des familiarités du plus mauvais goût à l'endroit — veuillez ne pas lire : à l'envers — de madame des Engrumelles dont il était férocement jaloux. Car cette dame exquise trompait Cadet avec Claude qui était de beau tempérament amoureux et le trahissait avec cet animal de Marcel qu'elle feignait de haïr.

Quelques mots échangés très haut, après les calottes, l'instruisirent de la situation, sans qu'il eût même eu besoin d'ouvrir la porte. Ramassant sa botte de fleurs qui lui était tombée des mains, il fit la seule chose spirituelle possible en cette occasion. Il s'en alla, en laissant à Claude et à Marcel — à qui il n'en veut nullement, d'ailleurs — le soin de payer le dîner.

Au bas même du cabaret, tête nue malgré le froid, mais tête défendue par un véritable casque d'or sombre, une rousse passait, impertinemment belle dans son laisser-aller faubourien. Il lui a offert sans hésiter son bouquet. Si celle-là ne fait que le trahir et le tromper, il aura de la chance ! Mais l'amour vaut bien qu'on risque tout pour les immortelles joies.

NUIT AU SÉRAIL

NUIT AU SÉRAIL

I

Sur l'estrade sonore où gémissaient les derboukas, sous l'insulte sifflante des flûtes de métal suraiguës et sous la moquerie des crotales de cuivre, les filles d'Égypte, dans leur costume d'almées ridiculement mêlé de velours pesant et de mousselines, alternaient, faisant évoluer, l'une après l'autre, comme une crème épaisse qu'on fouette, autour de leur nombril immobile, les chairs de leur ventre impudique. C'était une des troupes nomades que nous avions vue au Champ de Mars et qui, dans un café des boulevards, continuait d'exhiber ses odalisques devant les curieux attardés et aussi devant ceux qui aiment à se souvenir. Car c'était comme un lointain écho de la grande fête cosmopolite qui fut comme un salut du monde entier à notre glorieuse France. Nous ne sentons pas encore le vide de ce caravansérail magnifique qui faisait à la Seine une ceinture de merveilles. Mais que vienne le premier jour de soleil printanier et j'en sais que le caprice inconscient de leurs pas entraînera, comme dans un rêve, vers ce paradis évanoui, dont l'ange barbare des démolitions garde la porte. Et qui sait ! une larme montera peut-être dans quelques yeux, les cœurs mêlant le regret amoureux de quelque aventure à cette joie de la mémoire.

C'était pour revivre un de ces instants trop tôt passés que notre ami Cadet-Bitard avait proposé à la jolie baronne de Pagamimi dont il est fort épris en ce moment d'aller passer une heure au dernier estaminet arabe demeurant à Paris que les brasseries bavaroises ont reconquis. Comme une des danseuses qui ventritrouillait levait si haut les bras au-dessus de la tête que la gaze de ses larges manches n'était plus qu'un brouillard descendu sur les épaules et que le dessous de ses aisselles n'avait plus rien de mystérieux pour les spectateurs, la baronne fit à Cadet-Bitard la remarque qu'on n'y voyait ni frison d'or fauve, ni tache d'ombre brune et que sa peau en était polie comme celle des genoux. Puis, se penchant à l'oreille de son ami, elle lui fit une question difficile à poser tout haut, sans doute, et à laquelle il répondit également bas :

— Oui, ma chère âme, partout.

La baronne rougit juste ce qu'il fallait pour être encore plus jolie, son beau teint ambré d'Italienne ayant pris comme une fleur de sang.

— Mais cela doit faire bien mal ! dit-elle encore.

— Rassurez-vous, ma douce Lélia, lui répliqua, avec une caresse dans la voix, son amant. Ce n'est pas, comme vous pourriez le croire, avec l'acier cruel d'une pince que se fait cette délicate toilette, mais bien avec des pâtes puissamment épilatoires dont l'oriental secret est inconnu ici. Entre deux roulis abdominaux de ces dames, je vous conterai même, si cela vous plaît, une histoire où ce curieux produit de la parfumerie exotique joue un rôle bouffon. Tenez, cet affreux nègre va exécuter un pas comique, assure l'affiche, et c'est une bonne occasion de distraire vos yeux de ce peu plaisant spectacle en écoutant mon récit.

La baronne inclina doucement sa belle tête brune en signe d'assentiment et huma du bout des lèvres quelques gouttes de ce café délicieusement vaseux qu'on sert dans des coquilles d'œufs de pigeons et que je préfère beaucoup aux mokas dilués dont les Européens font usage.

Et Cadet, tout en allumant, pour demeurer dans la couleur locale, une cigarette du khédive, narra ce qui suit :

II

— Le Grand Turc de ce temps-là — trente ans, cinquante peut-être passés depuis — était un souverain remarquablement doux pour les femmes de son harem. Il n'en faisait jamais jeter une seule à l'eau sans faire, de cette exécution, l'occasion d'une belle réjouissance pour ses compagnes. Ainsi celles-ci vivaient dans une succession de fêtes qui rendaient la vie agréable à toutes celles qui ne la perdaient pas. Impertinemment opulent d'ailleurs, et sardanapalesque en diable, il les entourait d'un luxe dont la légende défrayait toutes les conversations de la ville. Or, depuis quelques jours, étaient arrivés à Constantinople cinq chercheurs d'aventures de nationalité allemande, gens de sac et de corde qui n'avaient traversé la mer que pour faire un mauvais coup. Hans, Fritz, Ludwig et Wilhelm étaient de vulgaires escrocs chassés de toutes les tables de jeu, même dans leur pays. Mais leur chef, le docteur juif Jacob Ichicroth, n'était pas un malandrin d'obscure volée. C'était une façon de savant qui travaillait, au profit de son cerveau aussi bien que de ses poches, volant pour ses collections autant que pour ses plaisirs, et aussi bien connu au bureau des longitudes et à l'Académie des sciences qu'au ministère de la police, à Berlin. Tout naturellement le rêve de ces drôles était de pénétrer au sérail pour y dérober quelque pièce de prix. Mais on sait que ces gynécées sont moins hospitaliers que les établissements similaires de nos bonnes cités provinciales. Il fallait une occasion unique, et le destin, toujours clément aux personnes malhonnêtes, ce qui fait que c'est les coquins surtout qui croient à la Providence, ne tarda pas à la leur fournir.

En effet, le Grand Turc ayant fait prendre un bain définitif à une de ses favorites, accorda à toutes les autres le plaisir d'une magnifique promenade sur le Bosphore, promenade nocturne, bien entendu, ces dames devant éviter, avant tout, les regards indiscrets des curieux. Un yacht admirable, sur lequel le maître avait pris place le premier, ayant à ses pieds des orchestres et des jardins de roses, mit donc à la voile, vers le soir, après un embarquement dont la lune et les étoiles se souviendront longtemps. Car c'était comme un murmure de rires joyeux, sous les voiles encore abaissés, qui se mêlait à la musique du flot tranquille et comme le bruit d'ailes d'oiseaux mystérieux qui s'envolent, grisés de parfums et fous de liberté. Car, pour ces captives éternelles, cette nuit sur la mer était comme une porte subitement ouverte sur l'infini, et plus d'une eût souhaité peut-être qu'un naufrage ne permît jamais le retour au port détesté. Sœurs nocturnes des volubilis, toutes ces âmes s'ouvrirent comme des fleurs longtemps fermées, dans l'ombre, pour se recroqueviller, sous leurs pétales éplorés, aux premiers rayons de l'aurore. Et le yacht courait, sur le grand golfe de lapis, emportant toutes ces ivresses contenues, tous ces fré-

15.

missements obscurs vers la lumière, tous ces rêves vers l'immensité, toutes ces prières muettes vers les astres indifférents.

III

Un seul gardien était demeuré au sérail vide, l'obèse Anakeketh, de la tribu des Beni-Razoar, une grosse brute toujours gonflée de pastèques et dont la voix plantait l'acier tournant d'une vrille aux oreilles. Le poste de service à l'entrée avait profité de l'absence du maître pour se griser de vins interdits. Nos cinq aventuriers le bousculèrent sans peine, se ruèrent sur Anakeketh, le bâillonnèrent et l'étendirent ligoté dans un coin. Puis, pénétrant dans les appartements mystérieux, ils y commencèrent un pillage en règle. A toute âme moins perverse que la leur, serait venu cependant un respect impérieux de toutes ces choses, je ne sais quelle impression religieuse dans ce temple de la Femme, tout plein des vestiges sacrés de la Beauté. Mieux que la fumée des encens, cette odeur de chairs alanguies et noyées de parfums eût élevé vers les au-delà le rêve. Sur ces coussins tièdes encore, de belles formes avaient laissé leur empreinte ; devant ces miroirs mélancoliques, les longues chevelures s'étaient dénouées et le sourire avait découvert la nacre vivante des dents ; de fraîches lèvres avaient effleuré ces verres d'où montaient encore de chauds aromes, comme un relent de baisers. Cette eau claire qui pleurait dans les vasques du grand bassin avait égrené ses dernières perles sur la blancheur frileuse des épaules, et ses larmes avaient coulé, comme les larmes d'un ruisseau, le long des croupes soyeuses que secouait un voluptueux frisson. De petits pieds nus, aux ongles roses comme des coraux pâles, avaient foulé les tapis et les peaux de tigre et de lion qui rayaient l'uniforme et brillante mosaïque, semblant appeler, sur leur trace visible à peine, la bouche des fervents qui voudraient jeter tout leur cœur saignant sous les pas adorés de la femme. Et les tendresses de sœurs ou d'amantes qu'elles échangeaient, dans cet asile interdit aux pas profanes de l'homme! Je vous dis qu'il fallait être un mécréant comme Hans, Fritz, Ludwig, Wilhelm et leur honorable capitaine Jacob Ichicroth pour ne pas sentir ses genoux fléchir, ses lèvres brûler, son esprit se fondre en extases dans ce sanctuaire du corps féminin qui tant est tendre, comme disait le doux poète Villon.

Mais nos brigands n'en étaient pas aux sentimentalités sublimes. Ils saccageaient sans vergogne cet asile des mystérieuses tendresses. Le docteur fourrait dans sa poche tout ce qui lui semblait curieux, et les autres, dans la leur, tout ce qui leur paraissait précieux. Grisés d'excellents vins d'orange et d'ananas, gorgés de confitures de pastèques et de gingembre, ils couronnèrent ce sacrilège par mille folies, se fardant le visage avec les objets de toilette des sultanes, s'allongeant les yeux, se rosant les lèvres, enfin se frottant la tête avec la fameuse pommade épilatoire dont il a été parlé plus haut, et qu'ils prenaient pour un cosmétique. Quand ils se coiffèrent ensuite, pour décamper, leur chevelure tout entière demeura adhérente à l'intérieur de leurs bonnets; mais, dans le bel état où ils étaient, ils ne s'en doutèrent seulement pas. Le gingembre, toutes ces odeurs de femmes, le poison sensuel qu'ils avaient bu dans cet air plein de baisers, leur mettaient le feu au ventre, pour parler congrûment, et aussi parce que le ventre descend jusqu'où naissent les cuisses. Les absentes du sérail se mirent enfin à leur manquer. Et par les chemins tortueux qu'ils avaient pris pour y pénétrer, ils sortirent sous l'œil multiple et indigné des dernières constellations, et se ruèrent dans la ville où ils assaillirent imprudemment les promeneuses matinales. Mais celles-ci crièrent au secours et leurs maris ou leurs frères, s'étant levés, commencèrent à poursuivre les malandrins avec d'énormes matraques et les reconduisirent ainsi jusqu'au bord du Bosphore où ceux-ci furent contraints de se précipiter, sans inquiétude, d'ailleurs; car ils nageaient à merveille et ils atteindraient sans peine quelque batelet qu'ils détacheraient et qui les emmènerait au loin. Ils perdirent, en plongeant, leurs bonnets, et reparurent, au-dessus de l'eau, comme des œufs vides qui surnagent, tant leurs crânes, dépouillés de tous cheveux, étaient nus et luisants, blancs et pareils à des boules polies. C'est ce qui les perdit. Le yacht magnifique qui ramenait les favorites au sérail apparut tout à coup, toutes voiles dehors, comme un grand alcyon qui se balance dans les souffles rouges de l'aurore.

— Tiens ! des culs blancs ! s'écria, en voyant leurs têtes, la sultane Oménéné.

Le Grand Turc adorait ce savoureux gibier.

— Qu'on tire dessus ! cria-t-il d'une voix impérieuse.

Les janissaires prirent des arcs, les mameluks, des tromblons, les eunuques ce qui leur restait sous la main, et ce fut une grêle de projectiles dans la direction des nageurs qui disparurent tour à tour, le chef troué, faisant eau par la cervelle et descendant, tirebouchonnés et inertes, dans les tourbillons. Ainsi moururent Hans, Ludwig, Wilhelm et Fritz, justement punis d'un sacrilège de lèse-beauté. Seul ce damné Jacob Ichicroth avait la vie si dure qu'il en revint et fut nommé plus tard membre de l'Académie des sciences de Berlin.

IV

— Mais trouvez-vous cela joli et que cette méthode embellisse vraiment la femme en la rendant moins pareille aux bêtes, c'est-à-dire peut-être plus près des dieux ?

— *Grammatici certant*, répondit Cadet-Bitard gravement. Les esthéticiens ne sont pas d'accord. Moi, j'ai émis comme toujours mon opinion en vers. La voici :

Tout est parure à la beauté
De l'amoureuse que l'on aime.
Mais rien ne vaut sa beauté même,
Source de toute volupté !

Il n'en est si mince côté
Qui ne soit un trésor suprême ;
Et qui n'en aime tout, blasphème
Le Dieu d'éternelle bonté.

Bien qu'au sortir d'un nid de mousse,
L'onde sort plus fraîche et plus douce,
Pour boire après une chanson,

— La chose est cependant certaine : —
Mieux vaut que cresson sans fontaine
Une fontaine sans cresson !

Et, la demoiselle aux crotales ayant fini de ribouler du nombril, les flûtes de cuivre se taisant et la derbouka ne semblant plus qu'une cruche innocente — comme celle de Greuze, — ils s'en furent se coucher ensemble sur cette consolante pensée. Un instant plus tard, Cadet-Bitard disait gravement à la baronne :

— Décidément, ma chère amie, les femmes arabes ont tort.

LE CASSE-NOIX

LE CASSE-NOIX

I

— « Pour deux francs de plus, Messieurs, mademoiselle Atchika montrera, aux amateurs seulement et dans un boudoir somptueusement meublé, quelque chose de surnaturel et que nous portons défi à tout autre phénomène de montrer! Entrrrez ! »

Et, faisant signe au tambour et à l'ophicléide de troubler de nouveau les airs, — ceux des compositeurs surtout qu'ils avaient l'intention de jouer, —

maître Turcamor, barnum de la belle Atchika, ouvrant à demi le rideau de velours grenat malpropre, à frange d'or usée, qui fermait le sanctuaire, fit signe à la foule impatiente qu'elle y pouvait pénétrer. Une demi-douzaine de naïfs obéit à son aimable invitation. Les autres se retirèrent, satisfaits d'avoir joui des gaîtés économiques de l'annonce. De vous à moi, c'était les autres qui étaient des imbéciles.

Car c'était une superbe fille que cette Atchika, une Italienne de Montmartre, les plus rares et, ajouterai-je sans hésiter, les plus belles. La fleur du sang latin était lys sur son front et rose sur sa bouche ; tout disait sa race auguste dans les traits de son visage et dans les lignes majestueuses de son corps. Un maillot bien rempli, et qui n'avait eu qu'à se mouler étroitement aux formes pour donner les plus nobles reliefs, la livrait, dans une nudité relative — bien insuffisante encore, — aux regards sécutifs des goujats, et toutes les délices dues à l'intimité sacrée de l'Amour étaient profanées dans cette créature faite pour l'adoration immortelle des poètes. Non pas qu'elle eût, le moins du monde, l'air inspiré de la Muse qui va essayer la force de son poignet sur le chef du Cherubini de M. Ingres. Au contraire, une stupidité manifeste était-elle dans ses yeux de sphinx sans secret, dans son front étroit de déesse sans pensées, dans tout son être où triomphait la matière divinement bestiale et despotiquement souveraine. Ses cheveux très noirs, plaqués à ses tempes, semblaient y comprimer l'idée. Elle se refermait, comme des ailes sombres, sur ce néant. Dans le regard une adorable malice de bête. Dans l'arc des lèvres, une certaine volonté obstinée. La brute admirable qui règne sur le génie même, parce qu'elle est bien l'image de la force occulte dont nous opprime l'éternelle fatalité.

Toutes les fermetés savoureuses de la jeunesse vibraient dans cet ensemble de charmes robustes, et, sous la belle enveloppe de satin d'une peau fraîche où l'on eût dit que l'aile de papillons blancs avait laissé son éclatant pollen, on devinait une musculature puissante et dense d'autant plus qu'elle ne s'accusait que par d'harmonieuses rondeurs. Ses seins, qui sortaient d'un corsage de couleur chair, semblaient vraiment de marbre légèrement rose et, dans les moindres mouvements, la générosité charnue de deux hémisphères s'accotant l'un contre l'autre et enfermés dans un caleçon de velours qui en pétait, se trahissait par des ondulations de croupe comme les grands fauves en ont seulement.

Comme toutes les autres, elle montrait l'exiguïté de son pied et de sa main comparée à la majesté du reste de sa personne. Elle disait son âge, où elle était née, laissait toucher son mollet résistant et engageait les badauds à lui envoyer du monde s'ils avaient été satisfaits.

Mais, à quelques élus qui n'avaient pas reculé devant le sacrifice d'une pièce de quarante sous, elle n'était pas comme toutes les autres. Ces dames ont l'habitude, en effet, de nous promettre qu'elles nous montreront « leur petit chat » pour une légère rétribution supplémentaire, et elles nous rient ensuite au nez en exhibant un horrible fœtus de matou conservé dans de l'alcool. Plus consciencieuse dans son équivoque commerce, était la belle Atchika. Ça coûtait deux francs pour pénétrer dans son laboratoire intime. Mais on ne regrettait pas son argent. Alors, on... ? Taisez-vous, tas de malpropres ! Atchika était une honnête fille et la maîtresse de maître Turcamor par-dessus le marché. Mais, à la volonté des clients qui y insinuaient, eux-mêmes, des noix nullement préparées, entre ses fesses simplement refermées après une légère distension, elle les écrasait et les rendait à demi dépouillées de leur dure coque de bois, bonnes, en un mot, à être immédiatement mangées. Un simple frisson des chairs sous le maillot. Ça faisait crac ! et le dessert était servi. Rien d'immoral d'ailleurs dans ce divertissement. Il fallait être bien peu galant pour n'y pas goûter tout de suite, pour s'écrier après : « Dieu ! quel goût délicieux ont ces noix ! » Certainement le noyer de Madame avait poussé près de l'arbre légendaire du Paradis terrestre.

II

Or, le petit vicomte Adhémar de Besmavieille étant entré, avec quelques godelureaux de son espèce, dans la baraque de la belle Atchika, sortit tellement enthousiasmé de cet exercice qu'il courut en parler à son cercle et partout où il fréquentait. C'était un garçon ayant sur le high-life une influence considérable que ce petit de Besmavieille. La mode d'aller voir la casseuse de noix, à la fête foraine, prit si furieusement que maître Turcamor, — qui eût fait un excellent directeur de l'Opéra à la Gailhard, — tripla le prix des entrées et éleva à cinq francs celui de l'admission aux travaux occultes de sa pensionnaire. Un maillot en vraie soie fut payé à celle-ci, et la beauté d'idole d'Atchika rayonna dans un luxe nouveau qui, Dieu merci ! n'envahissait pas sur ses exquises nudités.

Il y avait longtemps que la jolie douairière des Etripettes désirait donner, dans son joli hôtel du parc Monceau, une fête originale. L'œuvre des inondés du Mont-Valérien se fonda à point pour donner, à cette petite réjouissance, l'occasion charitable qui est de rigueur. Le petit de Besmavieille fut un des organisateurs de la soirée et déclara que tout était perdu si la belle Atchika n'était mise en tête des *great attraction* qui devaient attirer l'élite de la société. Une tente et une estrade furent donc organisées pour répéter aussi fidèlement que possible le décor dans lequel Atchika avait accoutumé de s'exhiber. Turcamor fut exigeant. On dut consentir à ce qu'après la représentation, il se mêlât, lui en habit noir, Atchika à son bras, en toilette de bal, aux nobles invités de la douairière et à ce que tous deux eussent leur place au souper. Mais le plaisir de s'encanailler un brin est bien toujours pour quelque chose dans ce genre de divertissement. L'idée du petit de Besmavieille avait été excellente. La belle Atchika, dans ses exercices de *Lygoidnamie*, comme les appelait prétentieusement son barnum, eut un succès véritablement fou. Un sac entier de noix y passa qui fit la desserte des domestiques de la douairière durant plus d'un mois.

III

Inutile de dire que mon ami Cadet-Bitard était des élus de cette élégante cérémonie. Mais, incrédule comme saint Thomas au moins, il cherchait une explication scientifique du phénomène par quelque instrument bien dissimulé dans l'épaisseur des chairs entr'ouvertes, par quelque pince métallique dans laquelle la noix se trouvait, en réalité, emprisonnée. C'était aussi l'avis de deux des hôtes de distinction de la douairière et très compétents, ma foi, les illustres mécaniciens Pètes et Bignolles, inventeurs des roues qui portent encore leurs noms. Cadet-Bitard, on le sait, est un audacieux. Il voulut avoir le cœur net de cette expérience dont il était si fort intrigué. Sournoisement, à la faveur d'un grand quadrille qui avait bruyamment interrompu les comédies et les exhibitions, il se glissa sous les draperies qui servaient de tenture au boudoir mystérieux de la belle Atchika. Quand celle-ci reprit ses représentations, il passa légèrement la tête derrière elle, ne pouvant être vu des spectateurs à qui la noble épaisseur des hanches de la magicienne le dissimulait absolument; et il approcha, il approcha sans bruit, à quatre pattes, derrière le rideau qui couvrait tout le reste de sa personne, résolu de regarder de bien près, au moment où elle insinuerait la noix. Il était haletant vraiment et le plus impatient du monde.

Il lui sembla qu'un point brillant le regardait, au centre de cette ombre vivante et majestueuse. L'outil deviné certainement. Et il avança, il avança, il avança si bien, qu'ayant maladroitement glissé sur une main, il s'en vint se bouter en plein le nez dans l'entre-deux qui attirait si fort son attention. Par une pression soudaine et énergique, l'entre-deux se ferma, en lui emprisonnant le nez comme dans un étau, et une force invincible l'entraîna, toujours sur ses deux genoux, au beau milieu de la scène, où un immense éclat de rire accueillit sa singulière entrée de caudataire. Le petit de Besmavieille faillit en avoir une esquinancie.

C'est que la belle Atchika, qui n'était pas bonne, à qui Turcamor avait fait une scène de jalousie et qui en avait eu assez des impertinents, tout occupés à lui fourrer le doigt partout pendant le quadrille, avait résolu de se venger et de harponner ainsi, comme un poisson, le premier qui se permettrait une nouvelle familiarité du même goût. Ravie d'avoir réussi, elle manqua absolument de générosité, et fit faire au malheureux Cadet-Bitard, pareil à un éléphant qu'on conduit par la trompe, cinq ou six tours dans cette position ridicule; après quoi, d'un bel accent de la rue Lepic, elle s'écria :

— Voilà comme on mène les hommes par le nez !

Cette plaisanterie fut tout à fait du goût des dames.

Subitement lâché, Cadet-Bitard alla rouler sur le tapis, dans une effroyable crise d'éternuement.

— Voilà ce que c'est, mon garçon, lui dit sentencieusement Turcamor, que de vouloir fourrer son nez dans des affaires qui ne vous regardent pas !

Mais Cadet-Bitard se releva furieux et d'un air de défi :

— Vous en avez menti, monsieur, il m'avait regardé ! Il m'avait même regardé d'un air provocant !

Cette apostrophe souleva une nouvelle hilarité devant laquelle notre ami effectua une retraite pleine de dignité blessée. Le regard de reproche qu'il jeta à Atchika eût attendri une tigresse. La belle fille de Montmartre n'y fit seulement pas attention. Ce qu'elles sont cruelles ces petites-là !

Rentré chez lui, Cadet-Bitard, comme toujours, demanda à la philosophie et à la poésie, tout ensemble, la consolation d'une mésaventure de plus. Songeant à ce fait mystérieux mais certain que nous nous sentons quelquefois regardés par des gens qui semblent devoir être très loin de nous, phénomène évidemment magnétique et sur lequel nous reviendrons, au livre déjà considérable de ses *Sonnets fantasques*, il ajouta celui-ci :

OBSESSION

Par un agent mystérieux
Plus subtil que le regard même,
De loin s'exerce, quand on s'aime,
Le pouvoir magique des yeux.

A travers les temps et les lieux,
On subit leur charme suprême.
C'est un surnaturel problème
Que je pose aux gens curieux.

On sent qu'un absent vous contemple ;
Et, quand ma Belle, par exemple,
Plonge sa lune en un fauteuil,

Souvent, la reine des planètes,
Comme sous d'obscures lunettes,
Sous ses jupons m'a fait de l'œil.

Après quoi, il alluma une cigarette, rêvant aux formes admirables dont il avait été le captif et se disant que ce serait un bien grand bonheur au monde que vivre dans ces doux liens.

CARÊME-PRENANT

CARÊME-PRENANT

I

Comme elle sortait de l'église, les yeux pudiquement baissés, portant au front la virgule de cendre que le prêtre venait d'y poser et qui, sous le tulle légèrement embué de sa voilette, semblait un nuage dans un ciel plein d'étoiles, il la suivit longtemps après l'avoir respectueusement saluée et se dut avouer à lui-même qu'elle n'avait jamais été plus charmante. Je ne sais ce qu'il adviendra des cultes dans le temps sceptique où nos pères nous ont jetés. Mais dût s'apaiser, au cœur des hommes, le désir sacré de l'Infini, qu'il faudrait garder pour la femme les religions qui lui ont toujours été une occasion de charme nouveau. Qui n'a rêvé souvent des antiques vestales dans la blancheur de leurs suaires aux longs plis? Héloïse fut-elle jamais plus belle qu'au Paraclet dans son costume de béguine? La prière met aux yeux de la femme une douceur particulièrement sensuelle et le mysticisme des croyances sied à sa faiblesse. Donc Cadet-Bitard eut, en cette occasion, une impression toute neuve de la beauté de madame des Andives dont il était, depuis plus d'un mois, amoureux. Et la contemplant dans cette chaste démarche de paroissienne, il se remémorait que, la veille, au soir, et même fort avant dans la nuit, au bal de la sous-préfecture, elle lui avait été plus cruellement coquette que jamais dans sa robe claire grande ouverte à la poitrine, comme un fruit qui se déchire sur d'énormes pépins, une rose de Nice mourant dans sa chevelure noire, une grappe de mimosa lui montant de la ceinture et mêlant un arome étrange à ses naturels parfums de danseuse intrépide. Il l'avait suppliée avec des sanglots dans la voix. Elle ne lui avait pas dit : non! mais elle lui avait encore moins dit : oui! Et il était sorti de cette émouvante soirée, comme brisé par le désir, résolu aux plus extrêmes choses, au viol, à la fuite, à la mort. Et si vous aviez connu l'être tentateur qu'était cette mondaine, doublée d'une dévote, vous auriez merveilleusement compris l'état d'âme exaspéré de notre doux Cadet.

Quand elle eut tourné la rue qui menait à sa porte et dans laquelle il eût été malaisé de la suivre davantage, sans la compromettre, il demeura comme anéanti de cette vision, rentra mélancoliquement chez lui, et lui dédia *in petto* ce sonnet quasi-religieux que lui inspirait sa rêverie. Elle s'appelait Hélène, comme une des amies du bon Ronsard. Il écrivit donc sur ses tablettes :

A HÉLÈNE

Pulvis es! vous n'êtes que cendre,
O vous que j'appelle clarté !
Ma chère idole ! ma beauté
Qu'un jour au tombeau doit descendre !

Donc seriez-vous folle d'attendre,
Pour vous ébattre en volupté,
Que de vous, il ne soit resté
Que ce qu'au néant il faut rendre.

Tous plaisirs seront abolis
Quand, à ta chair blanche, les lis
Prendront leur sève nourricière.

Donne ta bouche à ton amant,
Et baise-moi bien longuement
Avant de devenir poussière.

Et il se sentit un peu soulagé. Car, par les vers que nous faisons, nos peines sont allégées. Ils sont comme des fleurs qui nous cachent nos propres blessures. Après les avoir transcrits sur un vélin somptueux, il s'en fut acheter des fleurs et prit le chemin qui menait chez madame des Andives, étant accoutumé d'aller lui présenter, tous les jours, ses inutiles hommages.

II

L'aimable veuve — car M. des Andives était sorti de ce monde par la porte des cocus — lui parut étonnamment languissante. Elle posa les fleurs sur sa cheminée et lut les vers d'un air presque distrait.

— Ne me sauriez-vous conter rien de plus gai ? lui demanda-t-elle.

— Hélène, je n'osais pas, le premier jour du carême.

— Je ferai maigre ce soir, mon ami, mais je n'ai pas promis à Dieu de rester quarante jours sans rire. J'en aurais la bouche déformée. J'ai grand besoin, au contraire, de distraction aujourd'hui. Ces choses pénibles que les curés vous disent sur le néant me laissent sous une impression fâcheuse que vous venez vous-même d'aggraver en commentant leurs paroles.

— Il est dommage que vous n'ayez pas été de la paroisse de ma grand'mère, il y a soixante ans.

— Je vous remercie ! Et pourquoi, s'il vous plaît ?

— Parce que ce que dit, cette année-là, le mercredi des Cendres, à ses ouailles, son directeur spirituel, en leur imposant le front, vous aurait paru sans doute infiniment plus joyeux.

— C'est une histoire ?

— Certainement, mais je vous préviens qu'elle

est grassouillette et je crains vraiment de vous fâcher en vous la contant.

— Je vous donne l'absolution par avance, tant j'ai grand désir de gaîté.

— Et... sous quelle forme? demanda insidieusement Cadet-Bitard.

— Qui sait?... peut-être sous celle que vous souhaitez le plus, mon ami, à la condition que vous m'arrachiez à mes idées noires.

— Je commencerai donc, fit Cadet-Bitard avec une joie reconnaissante dans les yeux, et je vous demande par avance pardon. Vous savez que je ne plaisante jamais des choses saintes, moins parce que je suis moi-même une façon de croyant, que parce que j'ai remarqué que ce genre de facéties était le plus facile aux malotrus. Et puis, la fin du dernier siècle a épuisé le sujet. Rabelais et La Fontaine étaient moins contre les moines que pour les pauvres gens qu'ils grugeaient. Les persécuteurs d'antan sont, par un juste retour des choses, les opprimés d'aujourd'hui et il est malséant de leur continuer la guerre. L'excellent abbé Ribedon...

— C'était le nom du directeur spirituel de madame votre grand'mère?

— Précisément, et son seul défaut était d'aimer la dive bouteille — aux jours de fête seulement, — mais peut-être plus qu'il n'eût convenu à son saint état.

III

— Le Mardi-Gras de cette année-là on avait beaucoup festoyé à la maison. Les bonnes gens de ce temps-là étaient moins bégueules que ceux d'aujourd'hui. On avait arrosé les crêpes traditionnelles, venues après d'onctueux chapons du Berry et des foies gras Toulousains, avec des crus consciencieusement choisis aux quatre coins de notre glorieuse patrie. Vins blancs de Moselle pareils à des topazes liquides ; vins blancs de Touraine écumeux comme du lait ; Villaudrics aux rubis étincelants dans les verres ; Bourgueils aux veines violettes et parfumées ; tous ces bons vieux vins français qui vivent moins sur les cartes banales des restaurants que dans la mémoire des buveurs sincères et reconnaissants. L'abbé Ribedon avait salué au passage toutes ces vieilles connaissances. Dans son grand verre éclectique, toutes ces pourpres savoureuses et toutes ces transparences exquises avaient passé... pas longtemps. Il s'en pourléchait ses babines imberbes avec des petites grimaces de satisfaction béate tout à fait réjouissantes et comiques. La gourmandise, si injustement décriée chez le prêtre, est souvent une garantie de vertu. Je vous réponds qu'un gaillard qui a tout ça dans le coffre ne songe pas beaucoup à l'amour. Quoi qu'en aient dit nos épicuriens dans leurs éternelles chansons, Bacchus et Vénus sont de grands ennemis. Anacréon se gardait bien de les réunir dans ses odelettes savantes. Les buveurs d'eau ne sont peut-être pas des méchants, mais volontiers sont-ils des paillards. Claude Frollo était un sobre. Ma grand'mère, qui était encore charmante, en ce temps-là, avait beau être très décolletée à côté de l'abbé Ribedon, celui-ci ne faisait les yeux doux qu'aux poulardes et n'en avait que pour les terrines aux flancs marbrés de truffes. Cependant, à la fin du repas, quand quelques liqueurs réchauffantes eurent ajouté, à tout cela, leur fumée, le front de l'abbé se rembrunit soudainement et une inquiétude passa dans ses yeux mouillés. Il se frappa le front, eut l'air de chercher dans sa mémoire, secoua la tête avec une façon de désespéré, balbutia des mots pour lui-même, puis se renversa accablé sur le dossier de sa haute chaise.

Il avait à donner les cendres le lendemain. Mais, que diable disait-on aux fidèles en leur posant le doigt en haut du nez ? Impossible de se le rappeler! Il avait bien des bréviaires chez lui ! Je t'en moque ! Dans l'état où il était et dont il avait conscience, — car il se connaissait fort bien, — il était incapable d'y trouver, en rentrant, et même le lendemain matin, la formule sacrée, le petit bout de mauvais latin nécessaire! Si ça lui revenait seulement un instant ! Il l'écrirait bien vite sur un bout de papier qu'il mettrait dans sa culotte ! A l'office, il glisserait son guide-âne dans sa main et serait sûr ainsi de ne pas se tromper ! Quelle angoisse ! Ah ! *Pulvis es !* ça commençait comme ça. Mais après ? *Pulvis es... Pulvis es...* Sacré Bourgueil ! sacré Villaudric ! Le diable soit des crus de la Moselle et de la Loire ! *Pulvis es !* Ah ! ah ! ah ! je tiens !... *et in pulverem reverteris.* Saint Boniface, mon patron ! Ce n'est pas sans peine ! *Pulvis es et in pulverem reverteris !* C'est bien ça. Je ne sais plus ce que ça veut dire, mais c'est ça certainement. Et il écrivit sur un chiffon de papier son fameux *Pulvis es et in pulverem reverteris* qu'il enfouit par-dessous sa soutane.

Et gaîment se remit à boire, comme un homme qui n'a plus rien à craindre des événements.

IV

Le lendemain, dans l'église où le jour pâle se colore cependant faiblement en traversant les vitraux dont l'image bariolée vient se pendre aux piliers, comme un tapis d'Orient, dès que le soleil y passe, dans le relent fade des derniers encens dominicaux, en face de l'autel dont le carême a éteint les splendeurs et voilé les bouquets, les dévotes agenouillées se préparent à venir tendre au prêtre leur front, tour à tour. Les jambes un peu molles, mais ayant cependant reconquis son équilibre stable, l'abbé Ribedon descendit les marches, suivi de l'enfant de chœur portant, dans un plat d'argent, la poussière sacrée. Au moment de prononcer les mots sacramentels pour la première fois, il plonge sous son surplis afin d'y saisir le petit papier. Bon ! il ne rencontre que sa propre peau sous les plis chiffonnés de sa chemise. Dans sa précipitation à s'habiller, il avait complètement oublié de passer sa culotte, distraction que les prêtres, comme les magistrats, peuvent se permettre plus facilement que nous. Privilège de la robe qui en a bien d'autres! Et dont les dames devraient bien user un peu davantage. Car je ne sais rien qui m'ait plus mis en colère que le ridicule tutu dont elles se garnissent en dessous et qui fait qu'une fois maître des jupes, on n'est pas encore au bout de ses peines. Ce méchant petit morceau de batiste me fait toujours l'effet d'une trahison. J'en dirai volontiers, comme un médecin célèbre d'un autre objet de toilette : toile d'araignée contre la défaillance de la vertu, mais cuirasse contre le plaisir. Je reviens à mon damné Ribedon. Rien à dire à ses ouailles, puisque le petit papier est resté dans ce pantalon de malheur. Cependant les ouailles tendent le front et l'enfant de chœur s'impatiente de tendre inutilement le plat d'argent. L'abbé pense qu'un acte de franchise souveraine peut seul lui mériter la clémence du Très-Haut et lui valoir une absolution divine dont une confession sincère est le *sine qua non*. D'une voix onctueuse, de cette voix particulière aux ecclésiastiques officiants et qui donne aux virilités de la langue latine une écœurante monotonie, une saveur émolliente, comme s'il disait le verset prescrit et sur le même ton, à chacune de ses paroissiennes dont pas une, — sauf ma grand'mère qui était une fine mouche — ne s'en aperçoit, il tient simplement ce loyal discours, en lui empoudrant la naissance des cheveux : « J'ai ce qu'il vous faut dans mon pantalon. »

Madame des Andives sourit en rougissant un peu.

— Mon absolution? lui demanda Cadet-Bitard suppliant.

Elle ne répondit pas tout de suite; mais, un instant après :

— Allez donc fermer les rideaux, mon ami ; le soleil me fait mal aux yeux, lui dit-elle.

Et il n'y avait aucun soleil au dehors.

Mais il allait y avoir lune au dedans tout à l'heure. L'une vaut mieux que l'autre en certains moments.

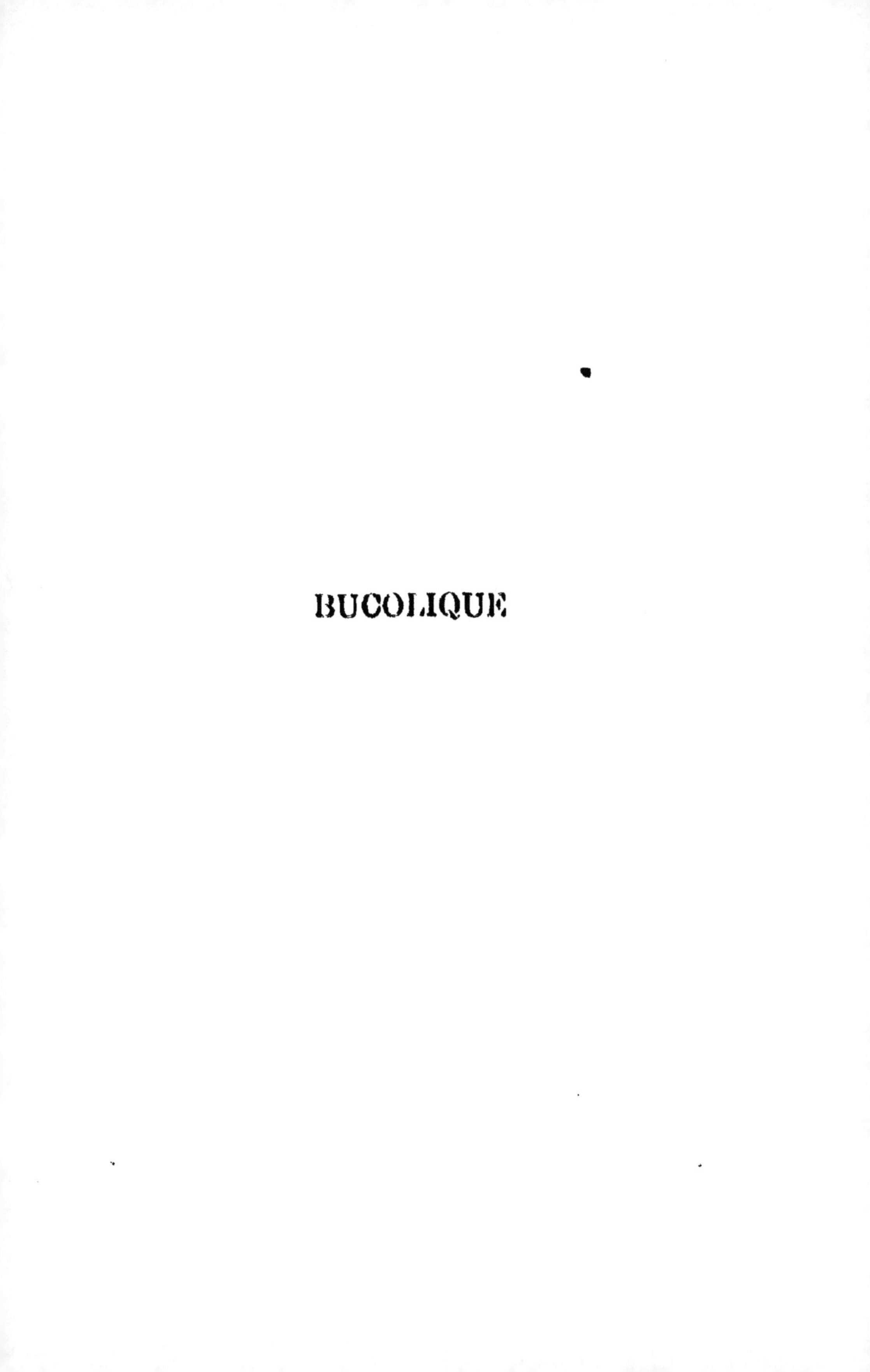

BUCOLIQUE

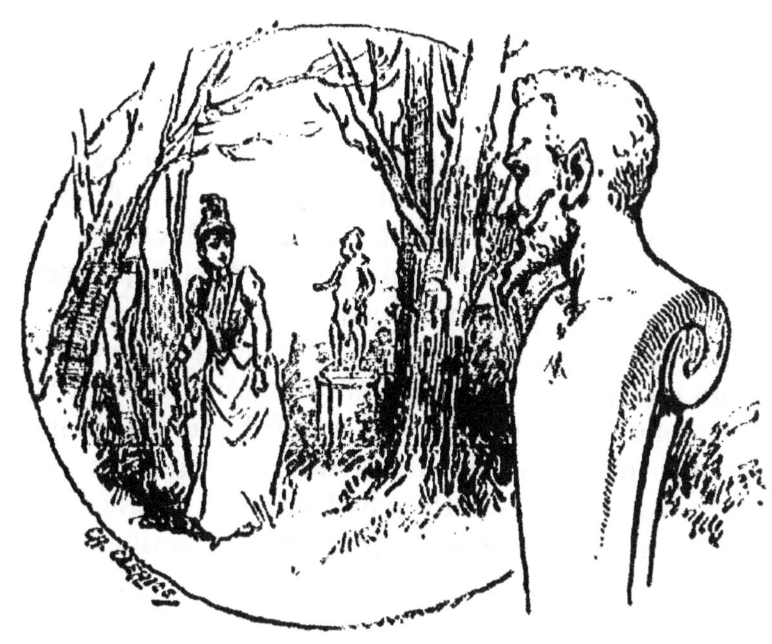

BUCOLIQUE

I

Elle lui avait dit, en abandonnant quelques secondes, dans sa main, à lui, le petit bout de ses doigts gantés :

— A Trianon, demain à trois heures.

Et, tandis qu'elle sautait dans une de ces lourdes citadines qui font gémir le pavé de Versailles, pour donner à ses habitants, sans doute, l'illusion d'une circulation désordonnée, il demeura, un instant, sur le large trottoir du débarcadère, buvant, dans la paume de son propre gant, l'arome exquis qu'elle y avait laissé. Leurs regards s'étaient rencontrés tout de suite quand elle était entrée, après lui, dans le compartiment. Elle s'était assise vis-à-vis de lui, quand plusieurs autres places étaient vides, comme par hasard, si quelque chose était hasard dans le monde passionnel, mystérieux et inexorablement logique à la fois. Son désir s'était comme brisé et retourné sur lui-même, pareil à une flèche qui blesse son propre archer, en se heurtant à ses froides prunelles veinées d'améthyste luisantes comme des boucliers de pierreries. Mais cette première angoisse ne l'avait pas rebuté de la douceur cruelle qu'il prenait à contempler ce beau visage latin, dans sa régularité parfaite, cette lourde chevelure s'envolutant, comme une vague de lapis sombre sur le front étroit, et cette bouche perfidement souriante, dans sa pourpre légèrement charnue, comme pour dire au regard impitoyable qu'il en avait menti. Et tout le long de sa belle personne étendue dans un des coins qu'éclaire un paysage qui fuit à rebours, il avait promené sa rêverie voluptueuse, l'attachant, comme une guirlande de volubilis, aux pointes visibles des seins étroitement enfermés dans le corsage; l'enroulant, comme une couronne de roses mourantes, autour de la taille s'élançant des flancs larges comme le pied d'une coupe renversée; laissant ses méandres s'enlacer plus bas encore dans le mystère des jupes d'où le dessin des jambes se détachait, comme l'argile du sculpteur, sous le linge mouillé qui le recouvre, accuse encore les reliefs inutilement voilés.

Où avait-il compris qu'elle ne fermait pas devant lui, d'un doigt inexorable et volontaire, le livre qu'il brûlait de feuilleter avec elle, tête contre tête et les bouches n'ayant qu'une seule haleine? Sous un de ces passages obscurs, peut-être, dans lesquels ceux qui s'aiment, ou ceux qui s'aimeront, ou ceux encore qui simplement ont envie l'un de l'autre, se voient mieux, dans les ténèbres subitement formées, qu'en pleine lumière. Il est certain que l'accord était fait entre eux, quand la lumière reparut, diffuse encore, dans un long panache de fumée s'écrasant aux vitres, cruelle comme tout ce qui trouble un recueillement. Et, tout de suite, l'avait-il trouvée encore plus charmante, leurs pieds s'étant discrètement rapprochés et l'envie leur étant venue à tous les deux de se dire les choses les plus insignifiantes du monde de la voix émue dont on dit : Je t'adore!

J'ai dit le rendez-vous donné pour le lendemain. Jusque-là, notre Cadet-Bitard, que vous avez reconnu bien vite à la discrétion exquise de ses façons, en était encore réduit aux hypothèses et aux conjectures. Tout ce dont il était certain, c'est qu'il n'avait pas affaire à une fille, ni à une jeune fille, et qu'il pouvait honnêtement espérer faire un cocu de plus dans ce majestueux Versailles où, pour le décor lui-même, les hommes sont obligés de remplacer, par quelque chose, sur leur tête, les hautes perruques des familiers du Grand Roi. Au reste, Versailles ne trompe pas son monde et les dictionnaires de géographie nous apprennent que c'est une des cités les plus boisées du monde entier.

Cadet-Bitard, qui n'avait plus le cœur aux choses qu'il y venait faire auparavant, craignit d'y trouver la soirée trop longue, et reprit le train pour Paris.

II

Mais le lendemain, à l'heure précise, croyez-le bien, il était dans les jardins de Trianon, où, comme il convient, l'inconnue devait lui laisser le temps de se recueillir en l'attendant.

Et comme la journée, presque printanière déjà, était très douce ; que, dans le grand parterre, les sèves éclataient déjà, en poudre d'émeraude, sur les rosiers et sur les lilas ; qu'une invisible musique montait des gazons où fourmillait le réveil des insectes et des grands buis qu'effleurait un souffle léger ; que le long pavillon mélancolique semblait avoir des harpes éoliennes pendues à ses fenêtres fermées ; que l'immense pièce d'eau était ridée d'un frémissement d'argent, notre Cadet-Bitard se « foutit à rêver », comme on dit à Toulouse, et eut une vision bien extraordinaire, ma foi. De cette rêverie superbe et de cette solitude imméritée, une plainte montait vers lui.

Dans les bassins sans eaux et dont la vasque se fend en de longues déchirures de mousse, les amours et les nymphes groupés, méchamment suspendus au-dessus de leur bain de siège disparu, le regardaient avec des mélancolies pleines de reproches. Les masques antiques, posés sur les thermes des chemins sablés et dont les lichens dévoraient les yeux de marbre ; les chérubins si délicieusement modelés en plomb, comme par une fantaisie de Boucher et dont les Anglais infâmes ont déchiqueté les doigts avec des canifs pour en emporter quelque chose ; les dryades dont les chevelures sont devenues vertes comme des algues ; les faunes dont les pieds fourchus sont encrassés comme s'ils avaient traversé des pâturages, tous ces dieux tachés, toutes ces images mutilées, toute cette désolation et toute cette impiété du temps élevaient, vers lui, une plainte dont il se sentait ému jusqu'au fond de l'âme.

— O toi qui aimes, lui disaient-ils, prends pitié de nous ! car nous avons été les confidents, les protecteurs et les dieux de l'amour ! Dis-leur donc d'élever moins de statues à leurs orateurs cantonaux et de ne point laisser périr l'immortelle chose, l'Art que nous sommes, d'oublier un instant la politique et de penser à une gloire qui s'en va. Car nous étions l'honneur de cette plaine, où le génie de l'homme avait fait jaillir des sources comme par enchantement. Nous étions le dernier écho des rêves mythologiques et comme le dernier coin d'Olympe entrevu par le regard. On te dira que nous rappelons les opprobres et les prodigalités de la Tyrannie. Tu leur répondras que l'Art n'a rien à voir à ces choses et plane fort au-dessus des rancunes du souvenir. Et puis, le grand souffle d'amour qui passait sous ces ombrages les a purifiés pour l'immortalité. Les aveux ont tremblé, les prières ont pleuré, les baisers ont souri sous les arbres magnifiques, au bord de ce lac où descendaient les étoiles. N'est-ce pas assez d'un baiser pour l'absolution du monde entier! Qu'importe que ceux-là qui pleuraient, qui souriaient et qui mêlaient leurs haleines fussent plus splendidement vêtus que les garçons jardiniers qui, eux aussi, poursuivaient sournoisement leurs bonnes amies, à travers les plates-bandes, une fleur volée à la main! Tous les hommes ne sont-ils pas égaux devant l'amour, également heureux et également misérables! Et les oiseaux, et les bêtes qui emplissaient aussi cette forêt menteuse, dont les ruts printaniers dénouaient les ailes et rendaient les pieds plus agiles! Lors même que le dieu qui habita ce temple mériterait d'être maudit, l'encens brûlé en avait-il moins de parfums, la musique des hymnes moins d'au-delà? Nous sommes encore cette âme qui parfume et qui chante? Faut-il donc nous punir des fautes au-dessus desquelles l'Art nous avait placés si haut et si loin! Quand les statuaires en auront assez des contemporains, qu'ils reviennent donc aux dieux! Nous seuls avons le secret de l'immortelle gloire!

— Il y a beaucoup de vrai dans ce que disent ces bonshommes, pensa Cadet-Bitard.

III

Elle ! non plus la toilette de la veille et il lui en voulut presque d'abord. Tout ce qui changeait quelque chose, en elle, lui semblait par avance une profanation. Mais, bien vite, il trouva qu'elle n'avait rien perdu de ses charmes. La grâce nonchalante de sa marche qu'il ignorait lui parut un attrait de plus. Ses pas semblaient s'alanguir encore, à mesure qu'elle approchait, et cette crainte mystérieuse de se trouver tout près de lui lui parut du meilleur augure. Un éclair de nacre rose passa entre ses lèvres quand elle ne fut plus qu'à quelques pas. Mais ses yeux avaient gardé la même sérénité cruelle et transparente de gamine, la même couleur d'abîme vaguement étoilé de sable au fond. Elle le rejoignit tout à fait au bas du rond-point que gardent des sentinelles de pierre, au centre duquel les quatre Saisons sont comme assises sur les bords d'une large coupe, enguirlandant ceux-ci de fleurs, de fruits et de frimas. Bien vite ils prirent une allée mieux couverte, très silencieuse, le sable lui-même ne criant pas sous leurs pieds, mais s'enfonçant dans la terre légèrement humide. Ainsi l'empreinte de son pied à elle, très mignonnement chaussé, se grava-t-elle avec la netteté d'un cachet dans ce sol sans consistance. Un pied d'enfant ! Le talon, plus profondément creusé, large, au plus, comme une pièce de quarante sous. Très sérieusement, comme personne ne les observait, il s'agenouilla et baisa cette trace avec une dévotion infinie. Elle le releva d'un toutpetit coup d'ombrelle sur les doigts. Et, un banc étant tout auprès, qu'on eût pu croire de velours d'Utrecht tant la pierre en avait disparu sous une tapisserie végétale, où couraient, par places, de longs insectes bruns, un peu plats, avec un zigzag de carmin sur le dos, ils s'y mirent l'un près de l'autre et restèrent un instant silencieux. C'est qu'à tous les deux maintenant les dieux et les amours et les faunes, blottis dans les carrefours voisins, sous leur capuchon de mousse, murmuraient la même chose. Et, sans doute, écoutèrent-ils les dieux, car leurs bouches qui n'avaient pas parlé firent infiniment mieux que la parole. Tout conspirait contre l'honneur du mari inconnu que, d'ailleurs, le diable emporte ! J'aimerais à penser que c'est un de ces cruels conseillers municipaux de là-bas qui se fichent pas mal de sauver Trianon. Après les faunes, les amours et les dieux, le vent tiède, le chant des oiseaux s'appelant avant la nuit, l'odeur des sèves à fleur de terre leur furent mauvais conseillers pour la vertu. Ils péchèrent, mes frères. Ils péchèrent sensiblement et se complurent dans leur péché, ce qui, théologiquement parlant, est d'une gravité exceptionnelle. Comme il lui avait ouvert, sans qu'elle s'en défendît, le haut du corsage, se ratatinant le long de lui, comme une frileuse, sous le nuage de renard bleu qui lui enveloppait le cou comme une vapeur de cendre très fine, il aperçut ce qu'il ne devait oublier jamais, un coin de gorge si savoureusement ferme et délicieusement veiné d'azur presque rose qu'il faillit tomber en pâmoison devant cette merveille et y posa sa joue brûlante, comme pour y boire une fraîcheur parfumée. Tel un pasteur d'antan auprès des fontaines sacrées. Et le rythme embaumé de cet oreiller vivant lui donna, durant quelques secondes, l'infini d'un rêve éternel. Il lui sembla, non pas qu'il buvait à cette fontaine, mais que c'était elle qui le buvait tout entier, aspirant son être en des indicibles délices.

— Si nous allions voir les célèbres marches de marbre rose? fit-elle, tout à coup, d'une voix claire où ne vibrait aucune émotion.

Et, se relevant de cet oubli extatique, il vit que ses yeux éclatants avaient gardé leur sérénité de pierres précieuses qu'aucune b... ..e, montée du cœur, ne venait ternir.

— Soit, dit-il.

Elle dit, en chemin, les vers de Musset. Mais il ne les écouta guère, occupé qu'il était lui-même de fixer son impression dans un des *Sonnets fantasques* qui lui doivent assurer l'immortalité. Et c'est à lui-même, quand il eut fini, qu'il récita ces vers, empreints de quelque mélancolie :

Aimant mieux l'Être que la chose,
Si de Musset j'avais l'esprit,
Au lieu de marches, j'eusse écrit
Sur les nénets de marbre rose.

Non pour que la mule s'y pose
De Fontange ou de Dubarry,
Mais pour que, de baisers pétri,
Tout en chair s'y métamorphose.

Car il faut la chaleur du sang
Pour fleurir, au-dessus du flanc,
L'orgueil des poitrines pâmées ;

Et quand l'homme est las de souffrir,
Il faut qu'il se puisse endormir
Sur la gorge des bien-aimées !

Et, quand elle eut disparu, derrière les charmilles, l'heure étant venue où l'attendait son cocu de mari, silhouette doucement frémissante et s'évanouissant dans la flèche de Parthe d'un dernier regard, Cadet-Bitard se dit qu'il était pareil aux amours, aux déesses, aux faunes et aux sylvains suspendus au-dessus des bassins sans eaux, dont la vasque de pierre est lézardée de mousse, dont les mains tiennent des fleurs inutiles ou dont les joues soufflent dans des conques muettes. Ainsi survivait-il, dans son désir, à son rêve écroulé. Car la femme est aussi cruelle que le temps et que les conseillers municipaux qui laissent Trianon périr.

TABLE DES MATIÈRES

Pages.

ÉMILE COLIN. — Imprimerie de Lagny.

A LA MÊME LIBRAIRIE

ET CHEZ TOUS LES LIBRAIRES

ARMAND SILVESTRE

PROPOS GRIVOIS

Un beau volume in-18 jésus. Prix . . . . [illegible] fr. [illegible]

AU PAYS DU RIRE

Un beau volume illustré par CLÉRICE. Prix. . [illegible] fr. [illegible]

LES GAULOISERIES NOUVELLES

Un beau volume, illustré par JOB. Prix : [illegible] fr. [illegible]

FABLIAUX GAILLARDS

Un beau volume, illustré par BLASS. Prix. . . . . [illegible] fr. [illegible]

JOYEUX DEVIS

Un beau volume, illustré par CLÉRICE. Prix : [illegible] fr. [illegible]

LE LIVRE DES JOYEUSETÉS

Un beau volume, illustré par RIP. Prix : [illegible] fr. [illegible]

CONTES INCONGRUS

Un beau volume, illustré par [illegible]

EMILE COLIN. — IMP. DE LAGNY

www.ingramcontent.com/pod-product-compliance
Lightning Source LLC
LaVergne TN
LVHW011947220826
846092LV00001B/110

* 9 7 8 2 0 1 9 6 9 6 1 0 8 *